JN096305

免震で安心
ユーザーズマニュアル
半永久的かつ安定した建物維持のために

一般社団法人 日本免震構造協会
〒150-0001 東京都渋谷区神宮前2-3-18 JIA館2階
URL https://www.jssi.or.jp/
TEL 03-5775-5432　Email : jssi@jssi.or.jp

免震建物とは

免震建物は、積層ゴムやダンパーなどの免震装置を使って建てられています。

それらを設置している場所を「免震層」とよんでいます。

地震時には建物ではなくこの部分で地震の激しい揺れが直接建物へ伝わるのを防ぐようになっています。

従来型の建物の場合には、地震時には揺れが直接建物に伝わり、激しく揺れますが、

免震建物の場合には、免震層で地震の揺れを吸収するため、建物はゆっくり水平に揺れます。

このことにより、室内の家具、什器など、設置してあるものも倒れにくくなります。

詳細につきましては、各種免震関連のパンフレットをご覧ください。

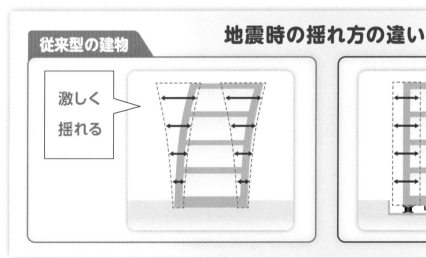

地震時の揺れ方の違い

従来型の建物 — 激しく揺れる

免震建物 — ゆっくり水平に揺れる（免震層）

免震建物　3つの安心

免震建物では、居住者・財産・機能の面で3つの安心が得られます。

居住者 の安心

地震時に、建物の大規模な損傷を防止し、居住者の安全を確保します。

財産 の安心

建物の保全だけでなく、家具などの転倒も軽減され、財産の保全に寄与します。

機能 の安心

建物の揺れが軽減されるため、建物の機能に対するダメージを少なくします。

免震機能を最大限に生かすために

免震建物は、従来の耐震設計法を利用した建物と比較して、さまざまな利点がありますが、
その利点を最大限に生かすためには、建物完成後の取り扱いにも以下のような注意が必要です。

免震建物 6 つの約束

建物の動く範囲
免震装置
免震層

屋外での約束

① 建物周囲に注意

免震建物は、大地震時に地面に対して大きく動きます。建物外周約50cmの範囲には物を置かないでください。
例）標石、門柱、棚、庭石、車両、設備機器および配管、街灯、樹木等

② 改築は事前にご相談を

免震建物は、特別な構造計算に基づいて設計および施工がなされています。建物に変更を加える場合は、設計者など専門家にご相談ください。

免震層での約束

③ 火を使わない

免震層には、免震装置が設置されています。この装置を傷つけたり、火気にさらしたりすることのないよう、充分注意してください。

④ 許可なしに立ち入らない

免震層への立ち入りは、建物管理者の許可のもとに実施してください。

⑤ 物を置かない

地震時に免震装置や配管の動きを制約する可能性があるため、免震層には物を置かないでください。

⑥ 変更も事前にご相談を

設備配管や電気配線等は、大地震でも損傷しないよう、特殊な設計がなされています。配管類に影響を及ぼすような工事を実施する場合は、設計者など専門家にご相談ください。

機能維持のためのメンテナンス

免震建物には、設計時点で「維持管理要領書」が作成されており、それに基づき、
専門家による下記のような通常点検・定期点検・応急点検・詳細点検などが必要になります。

1	通常点検	毎年の目視点検
2	定期点検	建物竣工後5年、10年、以後10年ごとの計測を含む点検
3	応急点検	地震・強風・水害・火災等の被災時の目視を主体とした点検
4	詳細点検	各種点検において異常が認められた場合の計測を含む点検
5	更新工事後点検	免震層など免震機能に関わる部分の変更工事実施後の計測を含む点検

※ 点検は、当協会が認定した免震建物点検業務受託会社等が行います。
なお、当協会ホームページ (https://www.jssi.or.jp/) に、免震建物点検技術者が在籍している会社一覧があります。

は じ め に

免震建物の安全性は免震機能および関連する部分の特性に大きく依存し、免震機能が地震時に十分発揮できるよう、日頃から免震部材および関連する部分の維持管理計画を構築しておくことが大切である。国内の免震建物は既に 4,900 棟以上が建設され、その多くの建物において竣工時検査ならびに維持点検が行われている。

（一社）日本免震構造協会は、増加する免震建物の維持点検の拠り所として「免震建物の維持管理基準」を 1996 年（平成 8 年）に制定した。その後の新潟県中越地震(2004 年)、東北地方太平洋沖地震(2011 年)や、熊本地震(2016 年)など、地震後の調査から得られた知見を反映し「免震建物の維持管理基準−2018−」まで改訂を重ね、維持管理計画の作成、維持点検に大きな役割を果たしてきた。加えて、多様な免震建物、新たな免震部材の維持管理に対応すべく最新の情報を盛り込んできている。

実際の点検においては、幾つかの不備や不具合事例が散見されたり、逆に設計者や施工者の創意工夫による優れた事例もある。これらを計画段階から設計、施工、維持管理の各段階において整理し、免震建物の長期にわたる維持管理を遂行するための要点を「問題事例と推奨事例」（2007 年発行）としてまとめた。さらに、免震建物点検技術者の役割がより具体的に把握できるように、講習用の資料として「点検の実務」をまとめている。

今回、実務に利用しやすく有用なものとすべく、「免震建物の維持管理基準−2022−」では、「設計・施工時の維持管理計画に役立つ問題事例と推奨事例−点検業務から見た免震建物−」と「免震建物点検技術者の役割」を合本し、一部内容を改訂、再編集して発刊することとした。

今後、日本における免震建物は益々増えていくことが予想される。免震機能の維持管理も建物管理の一つとして重要な役割を担うことから、「免震建物の維持管理基準」が設計者、施工者および点検技術者の一助として、免震建物の健全な発展に寄与することができれば幸いである。

2022 年 5 月
維持管理委員会

本書の構成

免震建物の維持管理基準　－2022－

設計・施工時の維持管理計画に役立つ問題事例と推奨事例

－　点検業務から見た免震建物　－

免震建物点検技術者の役割

免震建物の維持管理基準

－2022－

2022 年 5 月

 一般社団法人 日本免震構造協会

目　　次

第1章　総　則

1.1 目　的

　ここに定める「免震建物の維持管理基準」は、日本免震構造協会（以下協会）の設立趣旨である“免震構造の適正な普及を図るとともに、安全で良質な建築物の整備に貢献”することを目的として制定したものである。免震建物の安全性は免震機能および関連する部分の特性に大きく依存する。免震機能が地震時に十分に発揮できるよう、日頃から免震部材および関連する部分の維持管理計画を構築しておくことが大切である。

　免震建物の維持管理においては、免震建物特有の設計や免震部材が用いられていることから、それらの機能を十分に理解したうえで維持管理を行う必要がある。本基準は、設計者が考慮すべき維持管理の基本事項、管理項目、管理値の設定方法、判断基準等の考え方を提示し、また建物所有者、管理者、施工者ならびに免震建物点検技術者が実施すべき「免震建物維持管理」方法についての指針を示すものである。なお、基準制定と併せ点検を行う技術者を育成することを目的として、協会では2002年度より「免震建物点検技術者」（以後“点検技術者”という）の認定を行っている。

　免震建物は、一般建物と同様に、建築基準法の維持保全に関する各規定が適用される（付録、付1．関連規定（1)関連法規　参照）。しかしながら免震部材の存在や地震時の挙動等が一般建物と異なることから、免震機能を追加した維持管理計画が必要となる。本基準は、そのために用意されたものであり、その他の機能の維持保全については一般建物に準ずる。本基準は、免震建物の維持管理方法の方針を示すものであるが、建物所有者・設計者が本基準の採否を含めて独自に管理値を定めて運用することを前提としており、免震建物の維持管理における不具合について、協会が責任を負うものではない。

　また、点検技術者が実施する点検の業務に際しては、その責任範囲を明確に取り決めておく必要がある。（「付1.関連規定（3)契約について」を参照）

1.2 維持管理の基本事項

1.2.1 適用範囲

　本基準は、免震建物の免震機能のうち主に免震部材の異常な変形、免震建物の可動追従性、取付け部分の損傷および劣化、免震層の環境変化等に関連する下記の部分に適用され、各種点検を実施する方法についての基準を示している。ただし、それぞれの製品の性能品質（各種性能、耐久性等）については、製造段階で設計者および施工者が製造者と協議の上、承認されているものとし、また製造における品質は製造者責任とし本基準の適用外とする。

　①免震部材　　　：各種支承（積層ゴム、すべり系、転がり系等）、
　　　　　　　　　　各種ダンパー（履歴系、流体系等）

　②設備配管　　　：可撓継手、配管周辺クリアランス

　③電気設備　　　：配線変位吸収部（余長）、避雷設備（避雷導体、アース）

　④免　震　層　　：免震層内クリアランス、使用状況および免震層環境状況

　⑤免震建物周辺部：外周部の工作物、建物、配管、樹木、車輌等とのクリアランス、
　　　　　　　　　　免震エキスパンションジョイント（可動状況、損傷・劣化）

　⑥耐火被覆　　　：被覆材の外観（はずれ、めくれ、ボルトの緩み、損傷、ずれ量、隙間）

　⑦その他　　　　：免震部材取り付け躯体（上下基礎等）、免震建物の表示、別置き試験
　　　　　　　　　　体、建物変位計測（下げ振り、けがき式変位計）、その他の不具合

1.2.2 維持管理体制と役割

　免震建物の維持管理における、建物所有者、管理者、設計者および免震建物点検技術者の維持管理に関する実施体制を図1.2.1に示す。またその役割を表1.2.1に示す。

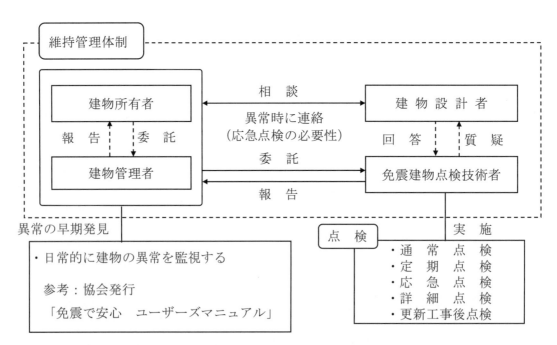

注：------> は、建物所有者と建物管理者が異なる場合や、建物所有者の承諾を得て
　　　建物設計者と免震建物点検技術者が直接やり取りする場合を想定している。

図1.2.1　維持管理体制（例）

表 1.2.1　維持管理における役割

区　分	役　　割
建物所有者	・免震建物の維持管理における全般の責任を有する ・免震建物全般における維持管理を責任者として実施 　（設計者立案の維持管理計画に基づく） ・日常的な免震層および関連部分の異常監視 ^{注1)} ・建物管理者を別途指定する場合は維持管理業務の委託 ・建物管理者または点検技術者からの報告を受け、異常が生じている場合は適切な 　改善処置等の実施 ・判断が困難な場合は建物設計者に相談し、その判断に基づく適切な処置の実施 ・被災時に迅速に対応するために、応急点検の対応方法を事前に決定しておく ・集合住宅の場合は、管理組合等がこれにあたる
建物管理者	・建物所有者から建物の管理を委託された者 ・設計図書に基づく免震建物の維持管理の実施 ・日常的な免震層および関連部分の異常監視 ^{注1)} ・通常点検、定期点検等の点検業務の委託（点検技術者） ・点検結果報告書の確認と精査および建物所有者への適切な報告 ・免震層に異常等が生じている場合は、建物所有者に対する適切な報告 ・地震、強風、火災、水害等による応急点検の必要が生じた場合の点検技術者への 　連絡と応急点検の委託
建物設計者	・維持管理計画の作成と管理基準値または管理値の設定と設計図書への明記 ・建物所有者、建物管理者からの依頼により、相談を含めた維持管理体制への協力 ・点検技術者からの質疑に対する回答 ・設計図書に記載以外の事象が生じた場合の、所有者に対する適切な改善策の提 　案および助言 ・点検により判定すべき事象が生じた場合の判断と処置の提案
点検技術者	・建物所有者または建物管理者からの委託に基づく維持管理における点検実施計 　画の作成 ・免震建物の維持点検の実施 ・作業現場における安全確認と対策の実施 ・点検結果報告書の作成と建物所有者または建物管理者への報告 ・点検結果からの問題点の指摘（異常等が生じている場合は写真、ポンチ絵等を活 　用、改善方法の提案は範囲外）
建物施工者	・竣工時検査（点検）を責任者として実施、「免震部竣工時検査報告書」の作成 ・検査報告書について工事監理者の承諾を受け、建物引き渡し時に工事監理者、 　建物所有者、建物管理者に提出 ・竣工時検査（点検）が以後の維持点検の初期値となるよう、計測方法等について工 　事監理者、建物所有者と協議する

注1) 参考：（一社）日本免震構造協会発行「免震で安心　ユーザーズマニアル」参照。

1.2.3 維持管理における点検の種別と実施

　維持管理における点検（以下維持点検）は、その目的に合わせて以下のように分類され、必要な時期に点検技術者が実施する。点検の結果、対策が必要な場合は、建物所有者・管理者・設計者等関係者が対策を協議する。

(1) 竣工時検査（点検）

　竣工時検査（点検）は、免震建物の竣工時に施工者責任のもとに建物所有者、設計者、工事監理者が立ち会い、免震建物の検査を行うものである。免震層の竣工時検査（点検）はその後の各種点検に必要な初期値を計測する重要な検査であり、免震建物の機能に関する専門的な知識が必要なため、点検技術者もしくは製造者に委託して竣工時検査（点検）を行うことを推奨する。特に免震エキスパンションジョイントは、定期点検時に竣工時検査と同等の検査を行うことは、仕上げ工事等があり困難なことから、施工者立ち会いの下に製造者による検査・点検を行う。このため、本基準では竣工時検査（点検）も維持管理の一環として位置付けている。なお、竣工時検査（点検）結果は、建物所有者あるいは管理者が保管する。

　設計者は、維持点検に必要な点検項目や管理値の他、免震建物に常備が望ましいもの（下げ振り等）を、設計図書に明記し竣工時検査で存在を確認する。設計図書に記載が無い場合は、建物所有者や設計者の許可を得て施工者が設置する。

※最近の免震建物は大規模なものも多く、竣工時検査（点検）で不具合があった場合、是正に予想外の時間と費用がかかることがある。施工者は、施工中の各段階で維持管理を念頭においた中間検査を追加することが望ましい。特に、設備関連の工事が開始された時点で、月1回程度の中間検査を行うことで、竣工時検査（点検）での手直しが大幅に減少したとの事例報告もある。

---

(2) 通常点検（毎年）

　建物所有者・管理者は、免震建物の免震機能維持のため、免震機能の異常や不具合の早期発見を目的として、目視を中心とした点検を毎年実施する。特に、鉄部塗装の劣化や発錆、すべり系支承のすべり面の汚れ等、間隔が長く設定されている定期点検では手遅れとなる不具合の発見につながる重要な点検である。なお、通常点検時に竣工時検査（点検）で未実施の項目が見られる場合は、報告書に記載するとともに実施を促す。
点検の実施は建物所有者、建物管理者が委託した点検技術者が行う。

(3) 定期点検（竣工後5年、10年、以後10年毎）

　免震建物の竣工後5年、10年、以後10年毎に計測を含めた点検を実施する。なお、定期点検は点検頻度の間隔が長くなるため、この点検結果は次回の定期点検までの損傷または劣化状況を判断するうえで重要な点検となる。定期点検の前提である竣工時検査（点検）が未実施の項目は、定期点検時に竣工時検査（点検）と同等の検査（点検）を行うこととし、この検査（点検）結果を初期値としその後の変化を確認する。
点検の実施は建物所有者、建物管理者が委託した点検技術者が行う。

（4）応急点検

　被災時に迅速に対応する目的で、当該敷地において地震や強風の発生あるいは水害および火災の影響が免震層に及んだ場合は、被災直後に目視を中心とした点検を実施する。応急点検を必要とする当該敷地の震度および風速は、設計者が設定し、点検実施の判断は、最寄りの気象台の観測値を参考とする。被災直後の応急点検に代えて詳細点検を実施することもある。なお大地震後は余震が発生することが多く、点検中に建物が大きく動く可能性があるので、狭い場所等危険部分には近づかないようにする。

※震度と風速の目安：

　概ね震度Ｖ弱以上の地震、平均風速（天気予報で言う風速）で概ね30m/sを超える強風。ただし応急点検にて損傷等が見当たらない場合、半年以内に限り前回を超えない震度や風速での応急点検は省略できるものとする。免震層の水平変位または免震部材の変形は、免震建物の設計方針や形状（高層建物や低層建物）により異なるため、上記はあくまで目安であり、応急点検は設計者が設定した震度および風速に対し行う。

　点検の実施は建物所有者、建物管理者が委託した点検技術者が行う。

（5）詳細点検

　通常点検、定期点検、応急点検で免震部材の異常が認められた場合は、その原因の把握と対応を検討するため、所有者の指示により点検技術者または計測が複雑なものは製造者が計測を含めた詳細点検を実施する。点検の結果、異常と判断されたものについては建物所有者、設計者、施工者および製造者が協議し、補修または交換等を決定する。なお詳細点検は、通常点検、定期点検、応急点検の結果から実施の有無が判断されるので、その設計監理費用は別途となることをあらかじめ所有者に伝えておく必要がある。

　点検の実施は建物所有者、建物管理者が委託した点検技術者または計測が複雑なものについては製造者が行う。

（6）更新工事後点検

　免震層内ならびに建物外周部で免震機能に影響がある工事の完了後に実施する。点検範囲は、工事が免震性能に影響を及ぼす範囲とし、その部分については全数点検を行い、また点検項目は竣工時検査（点検）に準ずる。なお、工事完了時に上記の定期点検を前倒し、併せて実施することができる。

点検の実施は建物所有者、建物管理者が委託した点検技術者が行う。

※更新工事が予想されるものとしては、増改築や集合住宅等の大規模修繕あるいは設備配管の可撓継手交換等がある。可撓継手は、上下水道やガス配管に使用され、耐用年数は、使用材料や環境および製造会社等で異なるが一般的に下記の通りである。
・金属製：15 年～20 年　　・ゴム製：10 年～15 年

表 1.2.2　維持点検の種別と実施

維持点検種別	時　期	実施責任者	方　法	箇　所	管理値	内　容
竣工時検査（点検）	建物竣工時	施工者	目　視・計　測	全　数	設計者が定める	免震部材、設備配管、電気設備、免震層、建物外周部、クリアランス、耐火被覆、エキスパンションジョイント、維持点検用マーキング、その他（免震部材取り付け部、免震建物の表示、けがき式変位計、別置き試験体、その他の不具合）
通常点検	毎　年	建物所有者または建物管理者	目　視	全　数	設計者が定める	上記竣工時検査（点検）に記載される内容について目視を中心とした点検特に、鉄部塗装の劣化や発錆、すべり系支承のすべり面の汚れ、オイルダンパーのオイル漏れ、建物外周部のクリアランス（樹木、工作物設置）等
定期点検	竣工後 5 年、10 年、以後 10 年毎		目　視・計　測	目視は全数、計測は抜取り		竣工時検査（点検）より項目を絞り込んでいる（竣工時検査（点検）が、点検技術者により実施されていることが条件）
応急点検	大地震、強風、水害、火災等被災時		目　視	全　数		被災箇所を特定し、建物管理者や設計者に迅速に情報を伝達するための点検で、通常点検に準ずる
詳細点検	通常・定期・応急点検等で異常が認められた場合		目　視・計　測	設計者が定める		異常が認められた部位を中心に被災箇所は重点的に点検
更新工事後点検	免震機能に影響する工事が実施された場合		目　視・計　測	工事箇所全数		工事箇所ならびに影響が及ぶ範囲

注）維持点検の実施は点検技術者。
　　抜き取り検査の場合は、種別の異なる部材ごとに全数の 10%以上かつ 3 台以上を原則とする。
　　種別が異なる部材とは、種類が異なる、ゴム物性値が異なる、形状係数が大きく異なる場合とし、
　　サイズのみが異なる場合は同一種別として扱う。
　　目視は全数実施し、全数の 1/2 以上を記録（写真等）する。ただし不具合が見られるものは全て記録する。

1.2.4 点検対象の機能と点検項目

　　点検対象は、免震建物の免震機能に関わる部位とし、以下に点検部位において確認、確保すべき項目を示す。また、具体的な部位と点検項目を表 1.2.3 に示す。

・免震部材

　　免震部材は大別すると次の二つがある。

　　支承　　：建物荷重を支持しながら水平方向へ変形することにより地震力の低減効果を得るもので、積層ゴム、すべり系、転がり系支承等がある。

　　ダンパー：建物荷重は支持しないが、建物が動く際に、その動きに合わせた流体抵抗、塑性変形等により、地震時のエネルギーを吸収するものである。免震部材としては履歴系ダンパー、流体系ダンパー等がある。

維持点検においてはこれら免震部材に異常な変形が生じていないか、また取付け部に錆や緩みがないかを確認する。また点検に際しては、経時変化を追跡調査するために計測ポイントのマーキングおよびボルトの緩み確認用マーキング（支承、ダンパー）が施されていることが重要である。

・耐火被覆

　耐火被覆とは火災時に支承材を保護する目的で設置するもので、地震時には支承の変形に追従し、火災時には耐火性能を発揮するものである。したがって維持点検においては、外観上で耐火性能を大きく損なう損傷、"ずれ量"（水平）や"隙間"（鉛直）がないことを確認する。

・免震層

　免震層とは支承材および減衰材が設置されている層を言い、地震時に生じる免震部と非免震部との相対変位に対して衝突や損傷が生じないことが大切で、特に建物と擁壁とのクリアランスは免震建物の安全性を確保するうえで重要である。

　したがって、維持点検においては、免震層の環境（湿潤状態や可燃物の有無）および躯体とのクリアランスを確認する。点検に際しては経時変化を追跡調査するために建物位置の計測を行ったポイントに、マーキングが施されていることが重要である。

・設備配管および電気配線

　免震建物にはライフラインとして水道・ガス・電気・下水等が外部から供給、接続されている。しかし、免震建物は地震時には水平方向に動くため、これらライフラインも地震時に生じる相対変位に追従できるように、配管に可撓継手や配線に余長が必要となる。

　したがって維持管理においては、可撓継手の取付け部の損傷や設備配管同士や他の部材との相対変位に対して衝突や損傷が生じないことを確認し、また配線については余長が確保され、ケーブルラック同士や他の部材との相対変位で衝突や損傷が生じないことを確認する。避雷設備にも相対変位に追随する余長等を確保することが重要である。

・免震建物外周部

　建物外周部には免震建物のクリアランス部を覆う犬走りや免震エキスパンジョイントが設けられている。これらは地震時には建物と一緒に可動するため、非免震部と免震部との相対変位に対して衝突や損傷が生じないことが重要である。

　したがって維持管理においては、犬走りを含む建物と周辺設備（門扉、貯水槽等）とのクリアランスや、免震エキスパンションジョイントの外観から、地震時に想定される動きに対して追従でき、衝突や損傷が生じないことを確認する。

・その他

　免震建物の表示が設置されていること。

　けがき式変位計（設置を推奨）が存在することと変位記録機能に劣化がないこと。

　別置き試験体が存在する場合は、設置状況の確認および加圧値が指定値であること。

　点検対象外であっても著しい不具合に気付いたこと。

表 1.2.3　点検項目（点検項目は、関係者の協議により取捨選択できることとする）

位　置	部　材	詳　細	点　検　項　目
免震部材	支承	積層ゴム支承 すべり系支承 転がり系支承	外観
			鋼材部（取り付け部）
			取り付け部躯体
			変位
			防塵カバー等
	ダンパー	履歴系ダンパー	外観
			鋼材部（取り付け部）
			取り付け部躯体
			主要寸法
			変位
			可動範囲
		流体系ダンパー	外観
			鋼材部（取り付け部）
			取り付け部躯体
			変位
			粘性体・オイル等
耐火被覆	免震部材耐火被覆		外観状況
			取り付け状況
			耐火材相互クリアランス
			可動、作動状況
免震層	建物と擁壁のクリアランス	指定計測位置	水平クリアランス
			鉛直クリアランス
			水平・鉛直マーキング位置
	免震層内の環境		障害物・可燃物
			排水状況
	建物位置	下げ振り	設置位置
			移動量
設備配管および電気配線	設備配管可撓継手	上下水道、ガス、その他配管	設置位置
			継手固定部、吊り金具・固定金具等の状況
		配管、ケーブルラック、躯体、外周部等	相互クリアランス
	電気配線	電源、通信ケーブル、避雷設備他	設置位置
			変位追従性
建物外周部	建物周辺	躯体、犬走り、周辺設備	クリアランス
			障害物
		犬走りと擁壁間	水平開口
	免震エキスパンションジョイント		免震 EXP. J の位置
			可動、作動状況
			取付け部の状況
その他	免震建物の表示		設置位置
	けがき式変位計		設置位置
			移動量
	別置き試験体		設置状況
			鋼材部（取り付け部）
	その他不具合		著しい不具合

詳細は付表1、付表2および第3章解説を参照のこと。

第2章　維持点検実施要領

　本章は、維持管理計画に従って各種点検を行う際の計測方法、使用器具、計測箇所等の参考例を示す。なお、通常点検では目視により点検を実施し計測は行わない。

2.1　免震部材

2.1.1　支　承

(1)　積層ゴム支承

a)　ゴムの外観

ア)　異物付着

・積層ゴムや鉄部に、有害と思われる汚れや異物が付着していないかを目視により確認する

イ)　傷の長さおよび深さ

・巻き尺またはノギス等により、積層ゴム周囲に沿って傷の長さを計測する

・傷の長さの計測は、個々について行い、最大長さを記録する

・計測値はその最大値とする

・計測単位は mm とし、整数で記録する

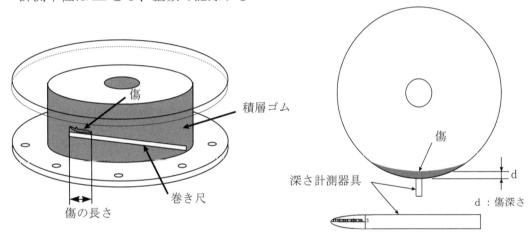

図2.1.1 積層ゴム支承の傷の計測

b)　鋼材部の状況（腐食、発錆、取り付け部）

ア)　腐食・発錆

・目視により積層ゴムフランジ部および取り付けボルトの錆の状態を確認する

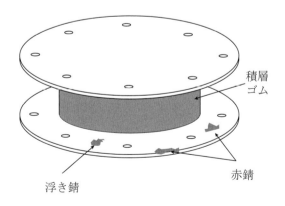

図2.1.2 積層ゴム支承の腐食・発錆の
状態確認

9

イ）取り付け部

・マーキングがなされていることを確認する

・マーキングにずれがないことを確認する

・ボルトが緩んでいないことを確認する

（木槌による打音検査、手回し検査等）

・図 2.1.3 に示す A 部に隙間がないこと
を確認する

　　なお、マーキングは、施工者の責任で、
施工時に実施することとしている。

注）免震部材設置時にボルトを締め付けた場合、
竣工時に緩むことが多く、一般的に再締め付
けを行うため、マーキングが 2 重に印される
場合がある。

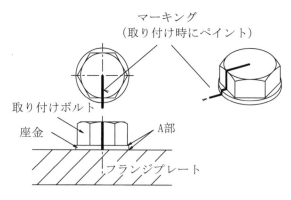

図 2.1.3 積層ゴム支承の取付部の確認

c）積層ゴムの変位

ア）鉛直変位の計測

・鉛直変位は、積層ゴム上下の取り付けフランジ間の距離を計測し、竣工時との差を
変位とする

・計測器具は、ダイヤルゲージ付きのインサイドマイクロメータまたはハイトゲージ、
デジタル巻き尺等を用いる

・計測位置は、直交 4 箇所とし、あらかじめ竣工時検査でマーキングした位置とする

・計測位置は、フランジの面外変形
を排除するため、できる限りゴ
ム部に近い位置で計測する

・計測単位は mm とし、小数第一位
まで記録する

・計測結果は、支承の熱伸縮も含ま
れることから、必要に応じて以
下の式により標準温度時の部材
高さに換算して判定する

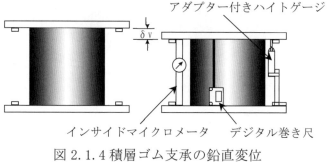

図 2.1.4 積層ゴム支承の鉛直変位

$$H = h - \left(\sum t_r \times \Delta T \times \rho \right)$$

H　：標準温度換算時の部材高さ　　ΔT　：（計測時温度）―（標準温度）

h　：計測値　　　　　　　　　　　ρ　：積層ゴムの高さ方向の線膨張係数

$\sum t_r$　：対象部材のゴム総厚さ　　　　　　（＝5.8×10^{-4}：製品により異なる）

　　注）標準温度：製造者毎に設定されるが、20℃に設定されている場合が多い

・計測値は 4 点の平均値とする

イ）水平変位の計測

・水平変位とは、積層ゴム上下フランジ間の水平方向のずれを意味する

・計測位置は直交する 2 方向について、あらかじめ竣工時検査（点検）でマーキング
した場所とする

10

・計測単位は mm とし、整数で記録する

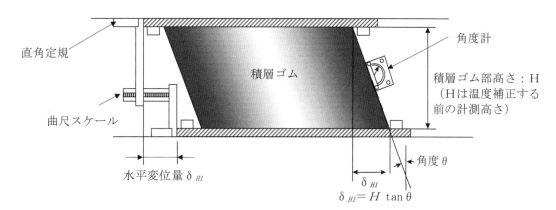

図 2.1.5 積層ゴム支承の水平変位の計測

d）維持点検用マーキング

　竣工時検査（点検）において計測点を確実にマーキングすることは、以後の点検に重要である。ここでは、竣工時に必要な標準的なマーキング方法および治具を示している。

　計測点のマーキングは、油性インク、ペイントマーカー等で行う。しかし、これらは経年変化により薄れや剥離が生じる場合がある。定期点検時に、薄れや剥離がある部分は再マーキングを行うこととする。なお、免震層内に照明設備あるいは照明用コンセントがあれば、竣工後の維持点検が容易である。

ア）支承の水平変位計測点

　　水平変位の計測点は、下フランジについて、直交２方向にマーキングを行い、その直交２方向も建物の計測の主軸（X・Y方向）に合わせるとデータ整理上便利である。積層ゴムの変形量としてはX・Y方向のベクトル値（二乗和平方根）となることに留意する。

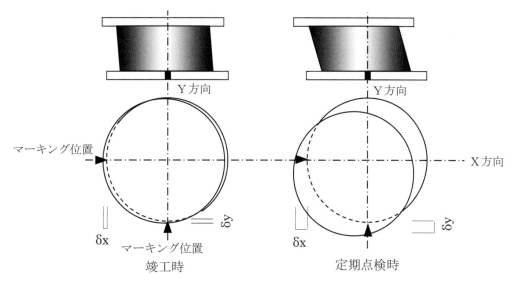

注）上部構造のコンクリート等の伸縮により竣工時にも多少水平に変位している場合がある。

図 2.1.6 支承の水平変位計測位置のマーキング

イ）支承の鉛直変位計測点

　　鉛直変位計測箇所は、下フラン
　ジの 4 箇所のマーキングした点と
　する。マーキング箇所は、以降の管
　理の容易さから、整形な建物の場
　合はX・Y軸に合わせた位置とす
　る。

　　なお、X・Y軸上にボルトが存在
　する場合は、ボルトピッチの半分
　ずらした位置にマーキングを行
　う。

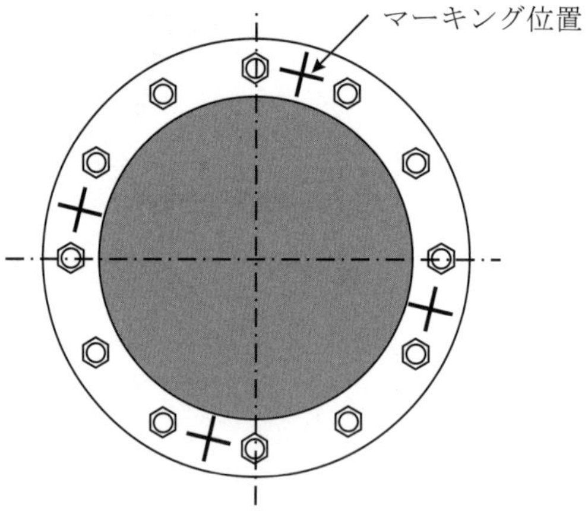

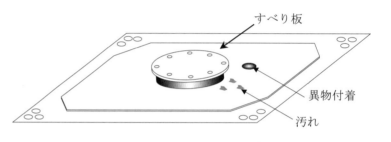

図 2.1.7 支承の鉛直変位計測位置のマーキング

(2) すべり系支承

a) すべり板の外観

　　目視によりすべり板の汚れ・
　異物付着、腐食、発錆、傷の状
　態を確認する。

b) 鋼材部の状況（腐食、発錆、取
　り付け部）

　　鋼材部の状況は、積層ゴム
　支承の点検に準じる。

図 2.1.8 すべり系支承の外観の確認

c) すべり系支承の変位

ア）鉛直変位の計測

　　・鉛直寸法は、支承取り付けフランジとすべり板間の内法高さを測定する
　　・摩擦皿ばね支承は、皿ばね部の鉛直寸法を計測し、竣工時からの差を鉛直変位とす
　　　る
　　・計測単位は mm とし、小数第一位まで記録する
　　・支承の種別により鉛直変位が生じない場合は計測を省略することができる
　　・目視にてすべり板と支承間の浮き上がり、もしくは隙間が発生していないかを確認
　　　する

イ）水平変位の計測

　　・水平変位とは、すべり系支承のすべり板とすべり材との水平方向位置のずれを意味
　　　する
　　・計測方法は、図2.1.9に示す方法にて寸法を計測し、竣工時からの差を水平変位と
　　　する。なお、計測時にすべり面に傷をつけないよう充分に注意を払うこととする
　　・計測位置は直交する2方向について、マーキングした位置とする
　　・計測単位は mm とし、整数で記録する
　　・すべり面の面外の"ゆがみ"等が見られる時は、定規等を当てて状況を写真等に記
　　　録する

12

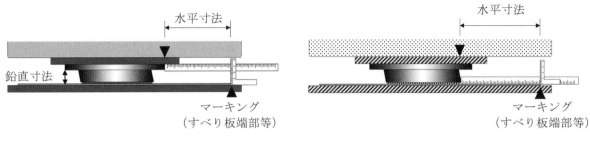

弾性すべり支承（2通りの計測例）

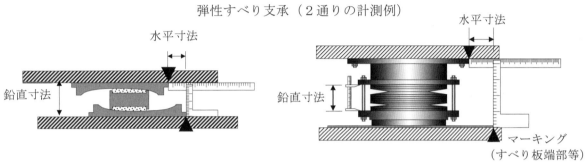

曲面すべり支承   摩擦皿ばね支承

図 2.1.9 すべり系支承の鉛直変位・水平変位の計測

d）防塵カバー（防水・防油）

防塵カバーは、目視にて破れや、外れを点検する。なお、各種計測時にカバーを外す場合は、再装着にてカバーを傷めないように注意するとともに、再装着後にカバーを点検する。

（3）転がり系支承

a）転がり面の外観

目視により転がり面の汚れ・異物付着、腐食、発錆、傷の状態を確認する。確認方法は、すべり系支承に準じる。

b）鋼材部の状況（腐食、発錆、取り付け部）

鋼材部の状況は、積層ゴム支承の点検に準じる。

c）直動転がり支承の変位

ア）鉛直変位の計測

- 鉛直変位は、図 2.1.10 の[H1〜H4]に示す上部と下部のフランジプレートの内法高さを計測する
- 計測位置の下側 4 点にマーキングを実施する
- 計測機器は、積層ゴム支承の計測と同様にマイクロメーターを使用する
- 計測単位は mm とし、小数第一位まで記録する
- 温度による変化は少ないので、温度による高さ補正は行わない
- 上レールの傾斜角は、内法高さ計測値と下フランジ幅から下式で求める

$$\theta_x(ラジアン) = \frac{|(H1 + H3) - (H2 + H4)|}{2 \times (下フランジ幅)} \qquad \theta_y(ラジアン) = \frac{|(H1 + H2) - (H3 + H4)|}{2 \times (上フランジ幅)}$$

イ）水平変位の計測
- 水平変位は、図2.1.10の[L1〜L4]に示す4方向のレールの可動長さ（ブロック面からレール端面まで）をスケールで計測する
- 1本のレールの左右の可動長さの差の1/2が、免震部材の中心位置ずれ距離になる
- 計測単位はmmとし、整数で記録する

　直動転がり支承の設置方向は、通常外壁面と上レールが平行となるように設置するため、図2.1.10のように、同一建物でも九十度設置方向が異なるものが混在することが多い。計測記録の方向は、製品の銘板表示（図2.1.10）の位置を指標としてもよいが、変位の絶対方位が判別できるような記録方法が望ましい。レール面に埃等が付着している場合は、清掃を行う。グリスアップの必要性が認められたら、指摘事項に記録を残す。

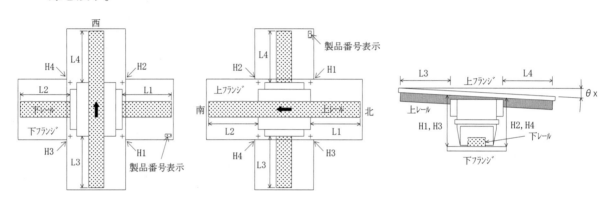

上レール東西方向　　　　　上レール南北方向　　　　計測箇所の記号とレールの傾斜角

図2.1.10 直動転がり支承の鉛直変位・水平変位の計測

d) 転がり支承の変位

　転がり支承の鉛直変位および水平変位の計測方法を図2.1.11に示す。

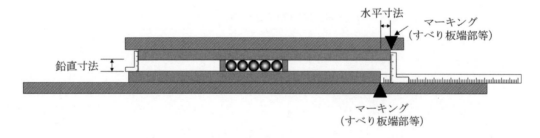

図2.1.11 転がり系承の鉛直変位・水平変位の計測

14

2.1.2 ダンパー

(1) 履歴系ダンパー
a) 履歴系ダンパーの外観

　　履歴系ダンパーは、表 2.1.1 に基づき、ボルトの緩み、表面亀裂の発生状況、形状の変化、ベースプレートと基礎との接合部の状況のほか、鋼材部の腐食、発錆を点検する。

b) 履歴系ダンパーの形状
　ア）主要寸法の計測

　　履歴系ダンパーの種類によっては、形状の変化が性能に影響を及ぼすものもあり、形状の変化を主要寸法（全体および各部の高さ、幅等）の変化にて判断する

　イ）水平変位の計測

　・水平変位とは、履歴系ダンパーの上部取り付け部と下部取り付け部との水平方向位置のずれを意味する

　・計測方法は、あらかじめ竣工時検査（点検）でマーキングした位置で傾斜計やスケール等を用いて計測する

　・計測位置は、直交する 2 方向で、あらかじめマーキングした場所とする

　・計測単位は mm とし、整数で記録する

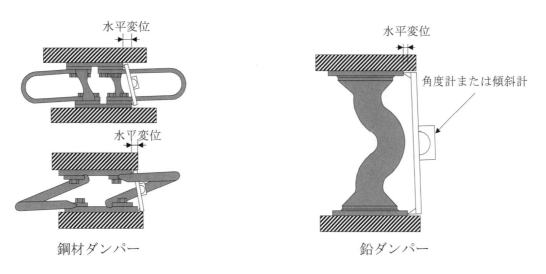

鋼材ダンパー　　　　　　　　　　　　　　鉛ダンパー

図 2.1.12 履歴系ダンパーの水平変位の計測

15

表 2.1.1 履歴系ダンパーの点検

点検項目		調査方法	管理値	備考
U型鋼材・鋼棒ダンパー	ボルトの緩み	マーキングのずれを目視確認（全数）	マーキングのずれ(ボルトの緩み）なし	箇所を報告書に記載
	表面亀裂の発生状況	塗装剥離部を中心に、亀裂の有無を目視確認（全数）	亀裂なし	亀裂を撮影し、報告書に添付する
	形状の変化	目視確認	視認できる変形がない	視認できる変形が生じているダンパーは、スケールを添えて全数撮影する
鉛ダンパー	表面亀裂の発生状況	目視確認（全数）	亀裂なし	亀裂が生じたダンパーは、4方向から全体写真を撮影する。写真に写りにくい亀裂は、代表的なものをチョーク等でマーキングする。
共通	基礎との接合部の状況	目視および計測（全数）	変状なし	変状がある場合は、寸法を計測し、該当部の写真を添付
	免震層の変形	けがき式変位計の変位記録で最大の変位を計測記録するけがき式変位計が設置されていない場合は、免震ｴｷｽﾊﾟﾝｼﾞｮｲﾝﾄ等可動部の痕跡により、最大変位を確認する	－	けがき式変位計の写真撮影を行う場合は、変位の大きさがわかるようスケール等を添える

　なお、明らかに形状の変化、亀裂、変形による塗装の剥離が見られる場合は、第3章解説（3.2履歴系ダンパー）に準拠した詳細点検を行う。詳細点検は、製造者等の協力を得て、表3.2.1および表3.2.2に示す詳細点検細則に基づいた点検を行うこととする。

(2) 流体系ダンパー

a) 流体系ダンパーの外観

　　流体系ダンパーは、外観上視認できる大きな変形や損傷の有無、鋼材部の腐食、発錆を点検するとともに、取り付け部は、ボルト・ナットが緩んでいないことを確認する。

b) 流体系ダンパーの水平変位

　　水平変位は性能に影響を与えないが、地震時に限界変位を超えないためにオイルダンパーでは取り付け長または可動長さ、壁型粘性ダンパーは水平寸法等を計測し抵抗板が適正位置にあるか設計図書と照合する。

・竣工時検査（点検）においてマーキングした位置等でスケール等を用いて計測する
・計測単位は mm とし、整数で記録する

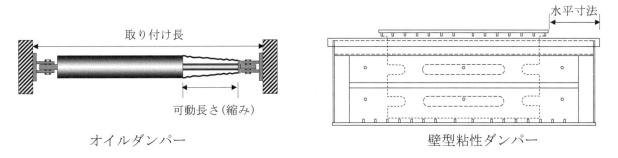

取り付け長

可動長さ（縮み）

水平寸法

オイルダンパー　　　　　　　　　　　壁型粘性ダンパー

図 2.1.13 流体系ダンパーの水平変位の計測

c) 粘性体・オイル

　　封入されている粘性体あるいはオイル等の液漏れがないことを目視により確認する。
　　壁型粘性ダンパーは適正な液量であるか確認する。

2.2 耐火被覆

　耐火被覆の点検は、目視による外観点検を基本とする。

耐火被覆がある部材の点検は、耐火被覆の外観や高さに大きな変化が見られた場合について、

部材の点検が必要な旨、報告書に記載する。

・耐火被覆がある部材の竣工時検査（点検）は、耐火被覆で覆う前に検査を実施する

・定期点検において設計者が計測を指定する免震部材については耐火被覆を外して点検を行
　う（点検終了後は耐火被覆を復旧する。耐火被覆の種類によっては専門業者以外では着脱が
　困難なものもある）

・応急点検では、その性格上、耐火被覆の外観（大きな凹み等の衝突痕、損傷、破れや加熱痕）
　から免震部材の損傷を推定することも可とする

・点検により異常が認められた場合、設計者の判断により別途、詳細点検を行う

　詳細点検時の耐火被覆の計測項目では、"ずれ量"（水平）と"隙間"（鉛直）を定義してい
る。詳しくは第3章解説（3．3耐火被覆）に記載している。

2.2.1 免震部材の耐火被覆

　点検概要を以下に列記する。

・目視点検については全数実施する

・目視により、耐火被覆材の外れや、めくれ、ガタツキ（留付ボルトの緩み等）および損傷（破
　れ、亀裂、折れ、欠損または水濡れ）の有無を確認し、異常が認められた場合は、写真、
　スケッチ等を報告書に添付する

・耐火被覆に、視認できる"ずれ量"（水平）や"隙間"（鉛直）が認められた場合は、写
　真、スケッチ等を報告書に添付する

2.3 免震層

2.3.1 建物と擁壁のクリアランス

　計測部位は、配管と躯体、仕上げと設備等、免震側部位と非免震側部位との水平および鉛直クリアランスが所定のクリアランスを有しているか、免震層内および擁壁について計測し確認する。

　クリアランスの計測点は、建物四隅それぞれ2方向のクリアランスを計測する箇所に金属板を埋め込むか、油性インク、ペイントマーカー等でマーキングする。

　躯体クリアランスの計測例およびマーキング例を図2.3.1および図2.3.2に示す。

　竣工時検査では、クリアランスの計測箇所をマーキング後、計測し記録する。

　定期点検では、水平クリアランスに対しては建物と擁壁（隅部4箇所以上）を、鉛直クリアランスに対しては、犬走りと擁壁を対象とする。なお、クリアランスが最も狭くなる箇所が特定される場合は、その位置を計測箇所に加え記録に残す。計測単位はmmとし、整数で記録する。

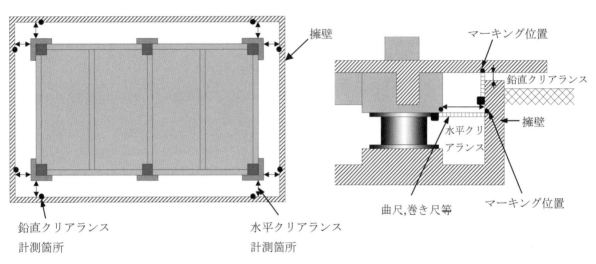

図 2.3.1 躯体間のクリアランスの計測例

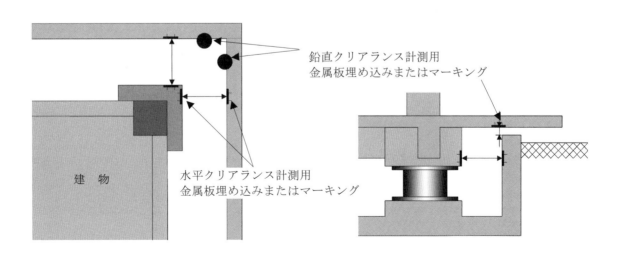

図 2.3.2 躯体のクリアランス計測位置のマーキング

19

2.3.2 免震層内の環境

免震層は、用途が指定されていない限り倉庫や居室として使用できない。設置された物品が地震時の免震建物の動きを阻害しないか、設備配管や電気設備に損傷を与えないかを確認する。免震層は、駐車場や居室等で利用する場合以外には火災の発生を想定しておらず、支承に耐火被覆が施されていない場合も多い。このことから免震層に可燃物が無いことを確認する。なお、塩ビ配管や電気配線は可燃物であるが、免震建物では多くの使用実績があり特に問題が生じていないが、配線の束等が高密度に配置されている場合、竣工時検査時に可燃物の可能性ありとして記録に残す。

免震層では、地下水の漏水や雨の吹き込み等がある。排水状況が悪いと免震層に帯水し、鉄部の結露等による錆の進行や電気設備の水没等で危険なことから、目視により結露や排水状況を確認する。

2.3.3 建物位置

計測する位置の下げ振り等を用いて、下部のマーキング（0点）を確認し、原点からの移動量を計測する。計測例を図2.3.3および図2.3.4に示す。

・建物位置を計測する位置上部に下げ振り用フックを、下部に、マーキング（0点）を設置する

・建物四隅と中央部に設置することが望ましい

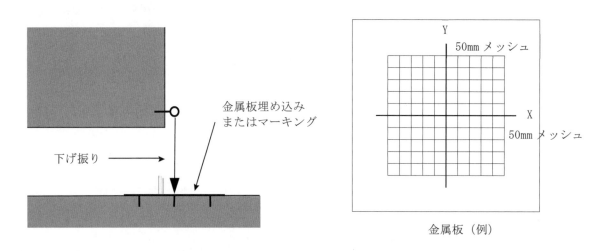

図2.3.3 建物の計測位置のマーキング

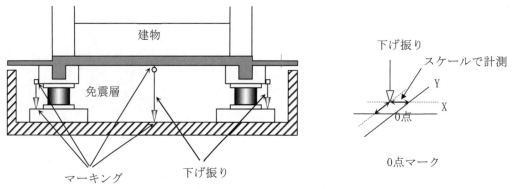

図2.3.4 建物位置標識の設置場所（例）

2.4 設備配管および電気配線

2.4.1 設備配管可撓継手

　設備配管において免震機能に影響するのは、可撓継手の取り付け位置とその可撓性であり、かつ建物の動きに追従しながら配管そのものの機能も維持する必要がある。したがって維持点検では可撓継手のみならず、その周辺についても目視で確認できる範囲で劣化状況や液漏れ等に注意を払う必要がある。また配管相互間、躯体と配管間のクリアランス確保も重要である。

・設置位置

　可撓継手が適正な位置に設置され、免震建物の動きに追従できるか確認する。大口径の配管の場合は、容易に動かして確認できないため、機構上可撓となっているか確認する。

・劣化状況、液漏れ

　配管・可撓継手・吊り金具・周辺躯体等の劣化状況や液漏れ等を点検する。

・傷、亀裂

　可撓継手部やその周辺において、有害な傷や亀裂があるかどうか目視にて点検する。

・クリアランス

　設備配管に関わるクリアランスは、配管自体だけではなく継手固定部、吊り金具、固定金具についても点検する。

・追加工事

　免震層内で、設備配管の追加工事が行われた場合は、更新工事後点検として上記各項目を点検する。

2.4.2 電気配線

　電気設備において免震機能に影響するのは、免震層をまたぐ電気配線であり、免震部の変形に追従する必要がある。

・余　長

　配線が、免震部と非免震部にまたがっている場合、たるみ等の余長が設計で考慮されている変位に追従できることを確認する。

・避雷設備（設置確認は竣工時検査（点検））

　免震建物は、支承およびダンパーによってのみ電気的に地盤とつながっている場合もあり、落雷時に、支承やダンパーを高圧の電流が通過するおそれがある。竣工時検査（点検）では、避雷導体とアースが支承をバイパスしていることを確認する。通常点検、定期点検等では目視できる範囲の劣化について点検する。

・追加工事

　免震部と非免震部にまたがって配線の追加工事が行われた場合は、更新工事後点検としてその部分について余長を確認する。特に本体工事完了後に、外部からの各種引き込み線工

事を行った場合は、余長等が適正に確保されているか留意する。

2.5 建物外周部

2.5.1 建物周辺

免震建物は、地震時に上部構造が地盤に対して大きな相対変位を生じる。したがって、その動きにより狭小空間が狭まり、また開口が拡がる場合がある。危険防止へ配慮すべき事項について、点検時に気付いた場合は報告する。

免震建物外周部によく見られる障害物として下記が挙げられる。

・上部構造の可動範囲内の工作物・建物・配管・樹木・車輌等

（塀と免震建物犬走り先端、外部縦樋と桝、駐車車両と免震建物等のそれぞれのクリアランス不足等）

なお、クリアランスが目視だけで微妙な場合は、巻き尺等で計測する。

2.5.2 免震エキスパンションジョイント（免震 Exp. J）

免震 Exp. J の維持点検は、協会発行の「免震エキスパンションジョイントガイドライン」に詳述されているので参考にされたい。各点検時期における点検項目および判定基準を表 2.5.1 に示す。中地震程度でも変位が大きい場合があることにも注意が必要である。

・点検箇所

免震 Exp. J は、屋内外を含め床、壁、天井等に設置されており、また免震層の階のみならず上階を繋ぐ渡り廊下のような特殊な部位にも設置されている場合がある。

・点検項目と点検方法

各部位の免震 Exp. J の点検は、目視を中心とし外観で判る下記の項目について実施する。

①障害物	・・・・可動域内の障害物を確認する（距離が微妙な場合は計測を行う）
②作動機構	・・・・機構、作動状況を確認する
③仕上材、シール	・・・・劣化の状況を確認する
④鋼材の発錆	・・・・赤錆、浮錆の状況を確認する
⑤取付部の躯体状況	・・・・亀裂の状況を確認する
⑥残留変形	・・・・変形の状況を確認する
⑦免震 Exp. J パネル状況	・・・・パネルの損傷や"がたつき"の状況を確認する
⑧漏水	・・・・漏水の状況を確認する

点検は原則として専門技術者や点検技術者が実施するものとし、目視による点検で異常が見られた場合は、報告書に記載する。詳細点検実施の有無は、管理者あるいは設計者の判断による。詳細点検は設計者や製造者立会いで実施することが多い。

・竣工時検査（点検）

竣工時検査（点検）の実施に際しては専門技術者が実施し、設計者、施工者の立ち会いを基本とする。免震 Exp. J の設置後の工程における、外構工事、内外装工事および設備工事等により、免震 Exp. J の性能を阻害する状態になっていないかの確認を行う。具体的には、

可動領域内に物が設置されていないこと、可動部に不要なシールが打たれていないこと等を確認する。

- **維持点検**

建物管理者は、建物が竣工した後においても免震 Exp.J が健全に作動するために、点検技術者に依頼して、通常点検や定期点検をする必要がある。対象となる免震 Exp.J の位置を図示するなどして、維持管理要領書を作成し、免震 Exp.J に不具合が生じていないことを点検により確認することが必要である。

第3章解説（3.4免震エキスパンションジョイント）にも考え方が示されているので参考とされたい。

表 2.5.1 免震エキスパンションジョイントの維持点検

点検内容	点検項目 （外観で判る範囲）	点検方法	判定基準	検査・点検の種類			
				竣工時検査（点検）	通常点検	定期点検	応急点検
可動状況	障害物	目視	可動域に障害物がない	○	○	○	○
損傷・劣化状況	作動機構[注]	目視	機構、作動上問題がない	△	—	(○)	(○)
	仕上材、シール	目視	有害な劣化がない	—	△	△	△
	鋼材の発錆	目視	著しい赤錆、浮錆がない	△	○	○	—
	取付部の躯体状況	目視	亀裂等がない	△	○	○	○
	残留変形	目視	有害な変形がない	△	—	—	○
	免震 Exp.J パネル状況	目視	損傷やがたつきがない	△	—	—	△
密閉状況	漏水	目視	漏水していない	△	(○)	○	(○)

注）作動機構：変状（たわみ、ひずみ等）、ボルト・ナット類の取り付け状況等を確認する。

- △印は、製造者の点検の範疇
- (○)印は、点検技術者が、状況や必要に応じて点検する
- 詳細点検の項目および実施方法は、変状（変形・腐食・外観上の異常）や被災の状況に応じて建物所有者や設計者が決定する

23

2.6　その他

2.6.1　免震建物の表示

　平成 12 年建設省告示第 2009 号の規定では、"出入り口その他の見やすい場所に、免震建築物であることその他必要な事項を表示すること"と規定されており、それらの表示の有無を確認する。

2.6.2　けがき式変位計

　けがき式変位計は、金属板に記録するものとカーボン紙に記録する方式等があるが、金属板では、小地震や風揺れで、針の磨耗損傷や記録板の穴あき、カーボン紙では湿気による変性、塩ビのカバーシートの破れが生じる場合がある。通常点検、定期点検や詳細点検では、目視により変位記録機能に不具合がないか確認する。

　けがき式変位計には、設置時からの変位、地震時の最大変位・方向、さらに地震、強風時の経時的な変位など、多くの情報が記録されている。その中で、点検内容としては、けがき式変位計が設置されている位置における、原点からの変位、方向を移動量として記録することとしている。ただし、鉛や鋼材等履歴系ダンパーを採用している建物は、大地震後の繰り返しの余震でどの程度ダンパーに累積損傷が生じているか設計者が変位記録から推定することがある。大地震や強風による応急点検や詳細点検では、記録が取れているかを確認するとともに写真等で記録する。変位記録を回収することは、記録板や記録紙の交換等を伴うため、点検技術者の業務の範疇外である。

2.6.3　別置き試験体

　別置き試験体が設置されている場合、設置位置および個数が設計図書と合っているか、竣工時検査（点検）および定期点検時に確認する。

　試験体に加圧されている場合は、初期値の記録の存在を確認するとともに現状の加圧値を記録する。

　手動ジャッキ等が設置されている場合は、所定の加圧値に戻すことは可とする。

　別置き試験体の特性値の試験は、点検技術者の業務の範疇外で、建物所有者が設計者と協議し別途行うこととする。

2.6.4　その他の不具合

　免震層に出入りする機会は非常に少ないため、点検技術者の業務範疇外でも著しい不具合とみなされる事象を発見した場合は、対象外の不具合として記録にとどめることを推奨する。

　その他の不具合の事例として、下記等がある。
・免震層内での免震機能と関係が無い(可撓継手が無い)配管の腐食に伴う液漏れ
・電気ケーブルの劣化(被覆の損傷)
・免震層内の塵埃や清掃状況

　地震や劣化により、免震部材および躯体が健全であっても、ダンパー等の取り付け部の躯体に亀裂や損傷が生じることがある。亀裂や損傷が発生した場合、地震時に躯体と免震部材との間の設計で想定された応力伝達が困難となり、免震機能が発揮できなくなる。免震部材の点検時に合わせて目視により亀裂や損傷の有無、異常が見られた場合には、写真等で記録することが望ましい。

第3章 解 説

3.1 クリアランス

3.1.1 クリアランスの意義

　本節では、免震建物点検技術者がクリアランスを計測し管理値の範囲かどうかの判定をするうえで、計測した数値の背景を理解し適切に判断するための考え方を示している。また、設計者がクリアランスを決める際に考慮しておかなければならない要因、および施工者が考慮すべき要因も合わせて示している。個々の建物により設計者の意図や表記が異なることもあり、点検技術者は、疑義が生じた場合は点検を開始する前に、設計図書に記されているクリアランスの意図を施工者や設計者に確認することも必要である。

　クリアランスの大きさは、一般的に設計用地震動による免震層の応答変位、地震動の不確実性や様々な要因を考慮して決められている。構造躯体、内外装材、設備配管、電気配線などが地震時に想定される変位や様々な要因による伸縮に対し、機能が損なわれないようにするために必要なのがクリアランスである。ここでは構造躯体のクリアランスについて述べる。

3.1.2 クリアランスの種別

　免震建物におけるクリアランスは、従来は設計者がどのような要因を考慮して設定したかが明確でなかった。このため、維持管理における点検の計測結果で誤解や混乱が生じることもあった。そこで、クリアランスの意味とそれぞれ考慮すべき要因を以下のように整理した。

(1) 設計クリアランス

　設計クリアランスは、建物の位置、高さ、長さなどを設定する時に用いる値で、設計者が地震時の応答変位や応答値のばらつきなどに加え、様々な要因*を考慮して、建物の竣工時に確保すべき値として設定される。この寸法は、建物竣工時に確保する必要のある管理値として設計図書に記載される。どのような要因を考慮して設計クリアランスを決めるかは設計者の判断に委ねられているため、本基準ではその要因のみを記載する。

(2) 最小クリアランス

　最小クリアランスは、当該建物の免震性能を維持するために必要な最小限のクリアランスで、許容できる残留変位などを考慮した管理値として設計者が提示する。最小クリアランスは維持管理における管理値であり、この値を上回ることが条件となる。維持点検時でのクリアランス計測値が最小クリアランスを下回った場合は、設計者の指示に従って対応する必要がある。

　クリアランスが最小クリアランスより小さくなると、地震時に躯体と擁壁などが接触または衝突する可能性が高くなることを意味し、免震層に、電気、ガス、上下水道、情報通信などの配線、配管がある場合には、これらに対する影響にも配慮する必要がある。

　地震後の残留変位により最小クリアランスを下回る箇所がある時は、上部構造を原位置に戻すことが必要な場合もある。

(3) クリアランスに関し施工時に考慮すべきこと

　施工者は、施工に際し型枠設置位置などを設計クリアランスに従って進めるが、設計クリアランスに考慮すべき要因*が統一されていないこともあり、施工者はどの要因が設計

クリアランスに含まれているか否かを、設計者に確認することが大切である。また、施工誤差の設定について設計者、工事監理者と協議することも必要となる。

＊クリアランスに影響する要因：
水平方向：構造躯体の温度伸縮、コンクリートの乾燥収縮、残留変位など
鉛直方向：積層ゴム支承の沈み込み（常時荷重時）、積層ゴム支承のクリープ変位、積層ゴム支承の温度伸縮など

3.1.3 水平クリアランス

　免震建物は、免震層において大きな水平変形が生じるため、上部構造と下部構造との間に一定の水平クリアランスを確保し、構造躯体同士などが接触、衝突することを防止する必要がある。しかし、クリアランスについては前項で解説したように二つのクリアランスを設定しているため、その解釈はやや複雑となる。図3.1.1は水平方向のクリアランスの考え方を示した。なお、設計クリアランスは、設計者により考慮している要因が異なることもあり、一般的な条件を考慮した範囲で示している。

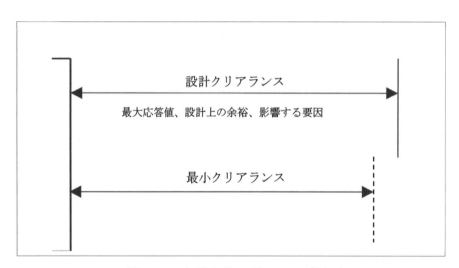

図 3.1.1 水平クリアランスの考え方

　設計クリアランスは、設計図書に明記されているが、実際の建物では躯体の温度伸縮やその他の要因により点検計測値と異なる場合がある。表3.1.1に設計用地震動による応答値、および応答値のばらつきに対する余裕値以外で、水平クリアランスに影響する主な要因について考え方の例を示す。記載している数値は、一般的な値を示したもので、各建物の特性によって異なるため、使用にあたっては留意する必要がある。

26

表 3.1.1　水平クリアランスに影響する要因（例）

要　因	解　説
温度伸縮	鉄筋コンクリートの線膨張率は、10×10^{-6}／℃程度で、長さ 50m の建物の場合は、真冬（0℃）と真夏（30℃）では、$50 \times 10^3 \times 10 \times 10^{-6} \times (30-0) = 15mm$ 程度の長さ変化が生じる場合がある。 建物中心を不動とした場合、片側で 7〜8mm 程度伸縮する。建物の基礎や擁壁など温度変化が小さい地中に設置されている下部構造も温度変化で伸縮するがクリアランスに与える影響は小さい。中間期（15℃程度）における建物長さを標準とした場合、伸縮幅は±4mm 程度となる。
乾燥収縮	コンクリートは、打設直後から乾燥に伴い収縮を始める。コンクリートの平均収縮率は、8×10^{-4} 程度であり長さ 50m の免震建物の上部構造は、$50 \times 10^3 \times 8 \times 10^{-4} = 40mm$ 程度収縮する。鉄筋コンクリート部材では、鉄筋が収縮を拘束すること、下部構造も収縮することからクリアランスへの影響はこの値よりかなり小さくなると考えられる。なおコンクリートの乾燥収縮は、かなり長期間続きクリアランスが増加する方向に働く。
施工誤差	コンクリート構造物の施工誤差は 10〜20mm と言われているが、水平クリアランスはその 2 倍、すなわち施工計画時の寸法から最大 40mm 減少する可能性がある。確率的に誤差が片方向に集中することは想定しにくく、また免震建物において重要な水平クリアランスを確保する上で、これほど大きい誤差を容認すべきでないとの考えもある。設計クリアランスを確保できるように当該建物の特性に従って設定する必要がある。
残留変位	免震建物は、大地震や暴風を経験すると残留変位が生じる場合がある。残留変位とは、上部構造が地震の揺れが収まった時点で、ある方向に偏って静止した際に生じる変位である。免震部材に弾塑性的挙動を示す高減衰ゴム系積層ゴム支承やプラグ挿入型積層ゴム支承あるいはすべり支承などを多用した場合、鋼材ダンパー、鉛ダンパーなど弾塑性挙動を示す部材を使用した場合に残留変位が生じやすい。許容される残留変位の大きさは、50mm 程度に設定される場合が多いが、余震などの繰り返しの揺れを受けると残留変位が増大する場合や、揺れ戻し効果で残留変位が小さくなる場合もある。

3.1.4 鉛直クリアランス

　免震建物では、上部構造と下部構造との水平クリアランスが確保されていても、免震部材以外の部位で上部構造と下部構造が鉛直方向に近接あるいは接触している場合、地震時に水平変位を拘束、または接触している部材が損傷する恐れがある。したがって上部構造と下部構造との間に50mm程度の鉛直クリアランスを確保し、構造躯体同士の接触を防止する必要がある。図　3.1.2は鉛直クリアランスについての考え方を示したものである。また表3.1.2には、設計用地震動による応答値、および応答値のばらつきに対する余裕値以外で、鉛直クリアランスに影響する主な要因を示す。なお鉛直クリアランスにおいても、設計クリアランスは設計者により考慮する要因が異なることがある。

図3.1.2　鉛直クリアランスの考え方

表3.1.2　鉛直クリアランスに影響する要因（例）

要因	解　説
沈み込み（常時荷重時）	積層ゴム支承は、施工時に上載荷重が増加するとともに、鉛直方向に弾性変位で沈み込む特性がある。
クリープ変位	積層ゴム支承は、長期間上部構造を支えていると、クリープ変位を生じ高さが僅かに減少する性質がある。支えている荷重（面圧）やゴムの種類などにより異なるが60年後を推定した実験では、ゴム総高さの2〜3%の変位が報告され、ゴム種によっては製造者のカタログなどに6〜8%と記載されている。すなわちゴム総高さが250mmであれば5〜20mm程度のクリープ変位が生じる可能性がある。
温度伸縮	積層ゴム支承の鉛直方向の線膨張係数はゴムの種類によるが5.8×10^{-4}／℃程度であり、温度変化により数ミリ伸縮する。したがって定期点検時に計測した積層ゴムの高さは、標準温度（20℃が多い）に換算して竣工時検査結果などと比較する。
施工誤差	コンクリート構造物の施工誤差は10〜20mm程度と言われているが、鉛直方向ではクリアランスが50mm程度と小さく、下部構造および上部構造それぞれに20mmの誤差を許容するとクリアランスがほとんど確保されないこととなる。したがって鉛直クリアランスが50mmと設定された場合、施工誤差は最大でも5mm未満に抑えるのが望ましい。

鉛直クリアランスが水平クリアランスと異なる点は、水平クリアランスでは乾燥収縮以外は全て正負両方向に変動する可能性があるのに対して、鉛直クリアランスでは施工誤差や温度伸縮以外のほとんどの要因がクリアランスを減少させる方向に作用することである。また、建物竣工時には、積載荷重を除いた上部構造の荷重が作用しているため、常時荷重による沈み込みは完了しており、竣工時の計測値は施工段階のクリアランスより減少する。水平方向の残留変位による鉛直方向の沈み込みは微小のためここでは省略した。なお、鉛直クリアランスは、雨水、粉塵、小動物の侵入を防止するため変位追従性のある材料で塞ぐ場合がある。

3.1.5 設備配管、電気配線のクリアランス

　設備配管、電気配線（ケーブルラック）などは、可撓継手や余長が設けられており、地震時に免震層に水平変位が生じた場合、それらが三次元的な挙動を示す場合があるので、これらの挙動に対し躯体や相互の接触・衝突が生じないよう水平や鉛直クリアランスを確保することが必要である。なお、設備配管、電気配線などの場合、その重要度に応じて別途、クリアランスを設定する場合もある。

3.1.6 クリアランス設定の留意点
（1）壊す設計と壊さない設計

　クリアランスの設定には、地震時に建物が変位した場合にやむを得ず損傷することを予め見込んだ設定と、損傷しないようにする設定がある。前者を壊す設計、後者を壊さない設計として建築計画上2つに分類される。以下にそれぞれの設計についての留意点を示す。

a）壊す設計

　建物に近接したフェンスなどは人や動物の侵入を防止する観点から建物に密着して設置する場合がある。この場合は、いわゆる“壊す設計”として下記について注意する必要がある。

- ・免震性能に影響しないこと
- ・人的被害や建物本体の損傷が生じないこと
- ・所有者や使用者に文書などで説明されていること
- ・壊れた場合の補修費用負担責任が明示されていること

b）壊さない設計

　免震部と非免震部の相対変位に追従できる納まりとすること。

（2）その他

　クリアランスに関連し免震性能への影響は少ないと考えられるが、設計時または施工時に把握しておくべき点を以下に示す。

- ・躯体や配管に設置されている断熱材（断熱材厚さ）
- ・配管のフランジ継手部（フランジの外形部分が構造体などと接触）
- ・ケーブルラックの支持ボルト部（支持ボルト部分が構造体などと接触）
- ・免震部材の固定ボルトの突出部と配管（フランジ継手部やボルト余長部分との接触）
- ・建物外周の駐車スペース（建物上部構造と駐車車両とのクリアランス）
- ・建物本体と周辺樹木（樹木は生長に伴い幹などが太くなる）
- ・人や車が通行する免震エキスパンション部での地震時における突き上げや開口の発生

3.2 履歴系ダンパー

　履歴系ダンパーは、通常点検、定期点検、応急点検で異常が認められた場合は、計測を含む詳細点検を行うこととする。点検方法は、鋼材ダンパーにおいては表 3.2.1 に、鉛ダンパーにおいては表 3.2.2 にそれぞれ準拠する。なお、鋼材ダンパーでは、亀裂の生じたダンパーロッドは交換することとしている。詳細点検に当たっては製造者に委託することを推奨する。

　本詳細点検細則は、東日本大震災を契機に協会に設置された「応答制御建築物調査委員会/免震構造設計部会/ダンパーWG」における検討結果による。

3.2.1 鋼材ダンパー

表 3.2.1 鋼材ダンパーの詳細点検細則

点検項目		調査方法	管理値（一次判定）	備考
U型鋼材ダンパー・鋼棒ダンパー	形状の変化	U型鋼材ダンパーロッドの高さ寸法計測（全数） H'　H	変形最大寸法（H'）／根元寸法（H：設計寸法）≦1.1	一次判定において管理値を超えた場合の処置は、設計者の判断による（二次判定）
		日鉄エンジニアリング製 A−A断面 δ_y　H δ_x　δ_0	高さ変化量（δ_y）／内法高さ（H：設計寸法）≦0.1 $\delta_y = \delta_x - \delta_0$ δ_0：初期高さ	
		巴コーポレーション製 B−B断面 Z_u　Z_L 高さ変化 $Z = (Z_u - Z_L)/2$	$Z \leqq 10mm$	

注）鋼棒ダンパーの形状の変化計測位置は、下図●印の位置とする
　　製造者により鋼材端部の固定方法が異なるため、測定位置も異なる。

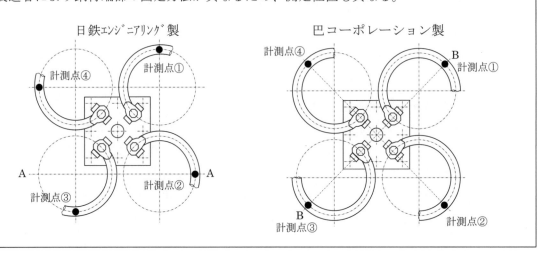

3.2.2 鉛ダンパー

表 3.2.2 鉛ダンパーの詳細点検細則

	点検項目	調査方法	管理値	備考
鉛ダンパー	表面亀裂深さ	クラックテスター[1]、亀裂深度計等による計測（全数）	最大深さが下記値以下 U180 型 ： 10mm 以下 U2426 型 ： 15mm 以下	管理値を超えた場合の処置は、設計者の判断による（二次判定）
	表面亀裂長さ[2]	スケール等による計測等（全数）	製造者等により総合的に確認	ダンパー毎に最大値を報告書に記載する
	表面亀裂幅	クラックスケール等による計測（全数）		
	可撓部の軸径の変化	可撓部（フランジ外面から180mm の位置）にて直交する2方向の軸径を計測（全数） 	上下それぞれについて直交する2方向の平均値が下記値以下 U180 型 ： 200mm 以下 U2426 型 ： 280mm 以下	管理値を超えた場合の処置は、設計者の判断による（二次判定）

＊1 クラックテスター

＊2 亀裂長さの計測要領
（ダンパー本体に沿って実長を計測する）

3.3 耐火被覆

耐火被覆に求められる性能は、火災による免震部材の温度上昇を所定値以内に収めることである。本解説は、協会常設の「技術委員会/防耐火部会」における検討結果である。

3.3.1 耐火被覆のずれ量と隙間

耐火被覆の耐火性能は、耐火被覆材の相互のずれがその性能に大きく影響することから、維持点検項目として「ずれ量」を設定した。ただし、多少のずれがあったとしても耐火性能が全て無くなるわけではなく、その性能は耐火被覆材のずれの量が大きくなることに伴い漸減していくのが一般的であり、またその減少度合いは各耐火被覆システムによって異なることに留意が必要である。

設計における留意事項ではあるが、地震後の残留変位が大きいと予想される場合、もしくは大きな残留変位を想定する場合は、耐火被覆システムの耐火性能が、「ずれに依存しにくい」あるいは「ずれを吸収する」または「ずれを容易に修復でき」、性能を回復できる耐火被覆システムを採用することが望まれる。

ただし、現時点ではまだ「ずれ量」（水平）と耐火性能との関連について不明な部分が多いことから、本基準では耐火被覆材の外観状態の観察（写真、スケッチ等）と特に耐火被覆材のずれが大きいと判断される場合は、「ずれ量」および「隙間」（鉛直）を計測し、報告書に記載することとした。「ずれ量」に対する耐火性能の判定は、維持管理体制の中で建物所有者、管理者、設計者が協議して決めることとする。

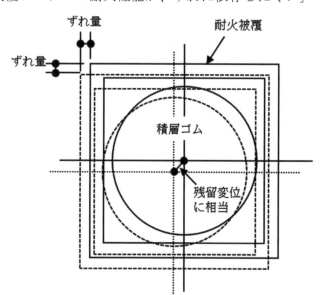

耐火被覆材のずれ量と水平残留変位

3.3.2 ずれ量の考え方

積層ゴムが図 3.3.1 のように水平45°方向へ x cm 残留変位が生じた場合、耐火被覆材の「ずれ量」は $x/\sqrt{2}$ cm となる。すなわち残留変位と耐火被覆材の「ずれ量」とは意味が異なる。

また、多段スライドシステムの場合は、積層した耐火被覆材の中間層（段）に回転方向の変位（ずれ）が発生する場合も考えられる。したがって、最終的にこれらの変位を含んだ耐火被覆材の相互のずれを計測しておくことで、耐火被覆材の重なり幅を求めることがで

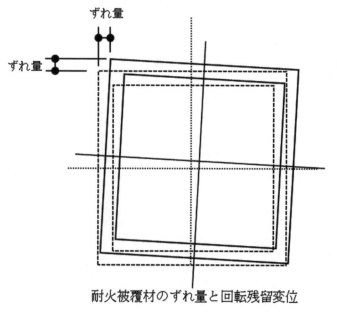

耐火被覆材のずれ量と回転残留変位

図3.3.1 ずれ量と残留変位の関係

32

き、同時に耐火性能の有無も評価することができる。

　以上の通り、一般的な残留変位と混同を避けるために、「ずれ量」を設定した。

　なお、2分割システムおよび開閉システムについては、上下の耐火被覆材が建物側および基礎側に固定されていることから。回転変位は発生しないかまたは無視できる量であると考えられるため、残留変位量から耐火被覆材の重なり幅を求めてもよい。

3.3.3 ずれ量と隙間の計測

　ずれ量（水平）の計測については、建物の周辺隅部または角部および外観目視点検時に、特にずれ量の大きいと思われるものについて計測を行う。隙間（鉛直）の計測においては、あらかじめ竣工時検査で指定した箇所において、製品にマークした位置とする。ただし、点検時に耐火被覆材を取り外して内部積層ゴムを点検し、再度耐火被覆材を適正に取り付けたものについては対象外とする。

　なお、多段スライドシステム耐火被覆材等の点検において"ずれ量"や"隙間"の不具合の修正が比較的容易な場合は、修正することも可とするが、必ず修正前および修正後の状況を写真等に記録する。

（1）ずれ量（水平）の計測方法

- 耐火被覆システムごとの具体的な計測方法の例については、下記（3.3.4 耐火被覆システム別の計測方法）を参照
- 可撓性材料(セラミックブランケット等)を用いたシステムについては、計測を省略できる
- 計測は、金尺等(JIS 1 級)を用いる
- 計測単位は mm とし、整数で記録する

（2）隙間（鉛直）の計測方法

- 計測器および計測精度は前記(1)に準じる
- 計測位置は直交する 4 箇所とする

3.3.4 耐火被覆システム別の計測方法
（1）多段スライドシステム

- 多段スライドシステムは、耐火被覆材を複数段積み重ねて設置しているため、ずれ量（水平）は複数段に分散される、したがってずれ量の計測にあたっては、目視によりずれ量が最大と思われる段について実施する
- 耐火被覆材形状が角形の場合：計測する段の角部4ヶ所（図 3.3.2:A、B、C、D 点）の X 方向、Y 方向のずれ量を計測する。管理値は、上記計測結果の X 方向ずれ量の最大値および Y 方向ずれ量の最大値とする
- 耐火被覆材形状が丸形の場合：計測する段の任意

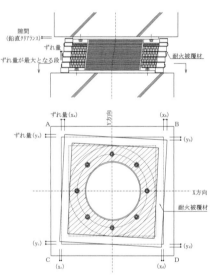

ずれ量の計測（角形耐火被覆形状の場合）

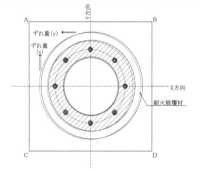

ずれ量の計測（丸形耐火被覆形状の場合）

図 3.3.2　多段スライドシステムの計測

の直交する2方向のずれ量を計測する。管理値は得られた結果の$\sqrt{x^2+y^2}$値（X方向とY方向のずれの量の二乗和平方根）とする

(2) 上下2分割パネルシステム

・上下2分割パネルシステムのずれ量計測（図3.3.3参照）は、中央の分割部において、前記多段スライドシステムの計測（図3.3.2参照）方法および管理値に準ずる

(3) 開閉システム

・開閉システムのずれ量計測（図3.3.4）は、開閉部において、前記多段スライドシステムの計測（図3.3.2参照）および管理値に準ずる

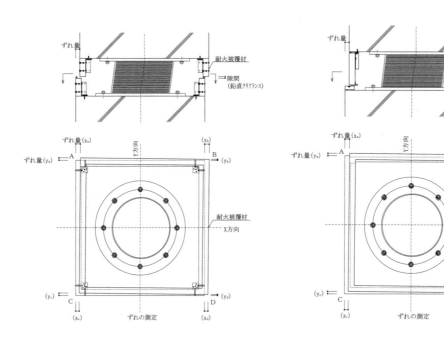

図3.3.3 上下2分割パネルシステムの計測　　　図3.3.4 開閉システムの計測

3.4 免震エキスパンションジョイント

　免震 Exp. J の構造は、複雑なものも多く、また仕上げに隠れているなど非破壊検査では完全な点検ができない場合が多い。従って、竣工時検査（点検）は、設計者や製造者の立ち会いにより検査を行うが、通常点検、定期点検、応急点検では、目視による外観の点検で異常がないかどうかを確認することとしている。なお、点検結果から設計者の判断により詳細点検が必要とされた場合は、設計者や製造者立ち会いのもと別途点検を行うこととする。免震 Exp. J の設計では、日常の使い勝手や外観ならびにコスト等を総合的に判断し、地震時には多少の損傷を許す場合と、想定される地震のレベルでは損傷を許容しない場合がある。特に損傷を許容する設計の場合は、設計者が建物所有者に告知していることが前提となる。詳細点検の内容は、東日本大震災を契機に協会に設置された「応答制御建築物調査委員会/免震構造設計部会/免震エキスパンションガイドライン作成ＷＧ」における検討結果を参考としている。

3.4.1 不具合の原因と点検の原則

　免震 Exp. J の不具合の主要な原因は、設計・施工・維持保繕に起因して下記に分類される。

(1) 設　計
- ３方向の複雑な動きやその大きさが考慮されていない
- 製品に由来する原因（摩擦等）で地震時に想定通り可動しない
- 使用場所と製品の機構が合っていないため、異物が詰まる等で動きが阻害される
- 仕上げ等の重量や積載荷重が大きく、製品の能力を上回り動きが阻害される

(2) 施　工
- 施工時や後工事で動きを妨げる仕上げや障害物が設置され、動きが阻害される
- 施工精度が製品の要求性能を満たさず動きが阻害される

(3) 維持保繕
- 清掃等を怠り、異物が詰まる等で動きにくくなる

(4) その他
　免震 Exp. J は、仕上材等で可動部が見えにくい場合が多く、非破壊検査で状況を全て把握することは難しいため、下記を原則とする。
- 設計時には、免震構造の専門家がチェックを行うこととする
- 竣工時には、設計者あるいは施工者が、建物所有者に免震 Exp. J の構造・機構・可動範囲等がわかる取り扱い説明書を渡すこととする
- 竣工時検査（点検）では、仕上げ材の設置前に専門技術者が点検し、その作動に支障がないかを確認する。また、以降の維持点検に必要な項目については点検技術者が実施する場合もある
- 通常点検では、目視により劣化・損傷・可動範囲に障害物の設置、可動部のいびつな変形、取付け部の状況を確認する
- 計測を伴う詳細点検では、専門技術者、製造者による詳細な点検を行うこととする
- 点検技術者は、免震 Exp. J について専門知識の収集に努め、その機構に精通することが望ましい

3.4.2 施工時検査

施工者は、免震Exp.Jが実際の建物に設置された際、図面に記載された性能が発揮できる状態であることを確認するため、免震Exp.Jの設置前、設置後に施工時検査を行う。

・建物竣工時において、施工者は設置された免震Exp.Jが、施工時検査以降の工程により性能が阻害される状態になっていないことの確認を行う

3.4.3 耐久性能

免震Exp.Jに建物と同等以上の耐用年数を求めることは、現状では困難であることから、特に長期間を経過した時の性能確認には注意が必要である。免震Exp.Jは、屋外および居住空間に設置される建築部材であり、その耐用年数は、設置環境、建物用途やメンテナンス頻度により大きく異なる。一般的に免震Exp.Jの耐用年数は、使用材料にもよるが、10年～20年程度である。

・免震Exp.Jの使用材料により、耐久性が異なることに留意する

3.5 その他

3.5.1 不同沈下

不同沈下の計測は点検技術者の範疇ではない。設計図書等に指示がある場合には、専門技術者が実施する。

不同沈下による免震建物性能への影響は大きい。しかしながら、不同沈下量の計測が、行われることは少ない。不同沈下の計測は、直接基礎等では、建物外に不動点を定め、基礎施工後に基礎各点でレベル測量を行い、それを初期値として建物竣工後に即時沈下量を計測し、定期点検時に圧密沈下量を計測する。

将来にわたって、建物の絶対沈下量を追跡計測する場合は、近隣の大型土木構造物の特定点またはベンチマーク等を不動点とし、敷地外ではマーキングは出来ないため次回の点検で判るように不動点の位置を記録する。また建物の相対沈下量を計測する場合は、建物中央付近にマーキングを行い、そこを基準点として建物四隅のレベルを計測する。複数棟が存在する場合は、隣棟間の相対沈下が生じる場合がある。不同沈下測定時に相対沈下量の測定も行う。

なお、経年による不同沈下量を測定する場合は、初期値が計測されていることが前提である。

付　録

付1．関連規定

(1) 関連法規

　建築基準法第8条1項では、建物の所有者、管理者又は占有者に対して、その建築物の構造および建築設備を常時適法な状態に維持するように努めることが規定され、2項では、200㎡を超える特殊建築物（不特定多数が利用する建物等）について維持保全の計画を作成し、その他適正な措置を講じることが規定されている。

　また12条では、その状況調査をさせて、その結果を特定行政庁に報告することを規定している。さらに、101条2号には、報告をせず、又は虚偽の報告をしたものに罰則を課している。

　　　　　建築基準法（昭和25年法律第201号）抄

（維持保全）

第八条　建築物の所有者、管理者又は占有者は、その建築物の敷地、構造及び建築設備を常時適法な状態に維持するように努めなければならない。

　2　次の各号のいずれかに該当する建築物の所有者又は管理者は、その建築物の敷地、構造及び建築設備を常時適法な状態に維持するため、必要に応じ、その建築物の維持保全に関する準則又は計画を作成し、その他適切な措置を講じなければならない。ただし、国、都道府県又は建築主事を置く市町村が所有し、又は管理する建築物については、この限りでない。

　　一　特殊建築物で安全上、防火上又は衛生上特に重要であるものとして政令で定めるもの

　　二　前号の特殊建築物以外の特殊建築物その他政令で定める建築物で、特定行政庁が指定するもの

　3　国土交通大臣は、前項各号のいずれかに該当する建築物の所有者又は管理者による同項の準則又は計画の適確な作成に資するため、必要な指針を定めることができる。

（報告、検査等）

第十二条　第6条第1項第1号に掲げる建築物で安全上、防火上又は衛生上特に重要であるものとして政令で定めるもの（国、都道府県及び建築主事を置く市町村が所有し、又は管理する建築物（以下この項及び第三項において「国等の建築物」という。）を除く。）及び当該政令で定めるもの以外の特定建築物（同号に掲げる建築物その他政令で定める建築物をいう。以下この条において同じ。）で特定行政庁が指定するもの（国等の建築物を除く。）の所有者（所有者と管理者が異なる場合においては、管理者。第三項において同じ。）は、これらの建築物の敷地、構造及び建築設備について、国土交通省令で定めるところにより、定期に、一級建築士若しくは二級建築士又は建築物調査員資格者証の交付を受けている者（次項及び次条第三項において「建築物調査員」という。）にその状況の調査（これらの建築物の敷地及び構造についての

損傷、腐食その他の劣化の状況の点検を含み、これらの建築物の建築設備及び防火戸その他の政令で定める防火設備（以下「建築設備等」という。）についての第三項の検査を除く。）をさせて、その結果を特定行政庁に報告しなければならない。（第2項から第9項まで略）

【参考】
　第6条　（第1項各号列記以外の部分略）
　一　別表第一（い）欄に掲げる用途に供する特殊建築物で、その用途に供する部分の床面積の合計が200㎡を超えるもの（以下同項第二号から第四号並びに第2項から第9項まで略）

第百一条　次の各号のいずれかに該当するものは、百万円以下の罰金に処する。
　　二　第十二条第一項若しくは第三項（これらの規定を第八十八条第一項又は第三項において準用する場合を含む。）又は第五項（第二号に係る部分に限り、第八十八条第一項から第三項までにおいて準用する場合を含む。）の規定による報告をせず、又は虚偽の報告をした者。

(2) その他基準

　建築基準法第12条第1項に基づいた定期調査・報告業務を実施する場合の手引書として下記がある。そのなかで、"特殊な構造等"として免震構造建築物が記されているので、それらも参照されたい。

　　a）特定建築物定期調査業務基準（2021年改訂版）2021年10月1日
　　　　発行：一般財団法人　日本建築防災協会　　監修：国土交通省住宅局建築指導課
　　b）特殊建築物等定期点検業務基準（公共建築用）　　平成17年7月20日
　　　　発行：財団法人　日本建築防災協会　　監修：国土交通省住宅局建築指導課

(3) 契約について

　「第1章1.1.2　運用」に記載された"責任範囲を明確に取り決めておく必要がある"ことに関連して、維持点検契約書の一例を下記に示す。

　責任範囲と賠償範囲（例）

　a）維持点検業務は、本建物の免震システムの性能を特定するものではない。

　b）点検技術者は、維持点検結果報告書の記載事項のみについて責任を負うものであり、点検技術者の責に帰すべき事由によらずに発生した建物、免震部材、設備配管、配線可撓部その他の設備の異常、損傷および滅失については一切責任を負わないものとする。

　c）維持点検業務遂行時に点検技術者の責に帰すべき事由により建物、設備等が損傷した場合は、当該損傷の修理費に限り補償する。

付2. 改定経緯

「免震建物の維持管理基準」は、平成8年に制定されて以来、最近10年間では3年ごとに改定を重ねてきている。

○平成08年（1996年）：制定「免震建物の維持管理基準」
- 「通常点検」／「定期点検」／「臨時点検」の骨子策定

○平成13年（2001年）：改定「免震建物の維持管理基準-2001-」
- 「通常点検」／「定期点検」を「定期点検」に統合した
- 災害時の臨時点検を、緊急性と膨大な点検棟数が予想されることから「応急点検」とした
- 「応急点検」で不具合が発見された時に備え「詳細点検」を定義した

○平成14年（2002年）：「免震建物点検技術者」の資格制度が発足

○平成16年（2004年）：改定「免震建物の維持管理基準-2004-」
- 2001年版での点検骨子の変更による混乱が見られたことから新しい免震部材の追加に留めた

○平成19年（2007年）：改定「免震建物の維持管理基準-2007-」
- 責任区分が不明確で竣工時検査が徹底されない場合があるため、施工者の責任で竣工時検査を実施することを明記した
- 免震建物登場後20年を超え各種更新工事が予想されるため、更新工事後の点検を追記した

○平成22年（2010年）：改定「免震建物の維持管理基準-2010-」
- 免震建物における「クリアランス」について当協会としての考え方を示した
- 免震部材と取り付け躯体部について、目視等の簡易な点検を記載した
- 免震部材の点検方法について実態にそぐわないものがあり見直した
- 免震建物に設置が義務付けられている"免震建物である"等の表示の有無を点検項目に加えた
- 別置き試験体の性能試験は、免震建物点検技術者の業務対象外として削除した

○平成24年（2012年）：改定「免震建物の維持管理基準-2012-」
- 2011年3月11日に発生した東北地方太平洋沖地震において、免震建物は、概ね免震効果は発揮したものの、長周期長時間の揺れを経験し、一部履歴系ダンパーやエキスパンションジョイントに不具合が発生した。その経験を踏まえ点検方法を改定した
- 東北地方太平洋沖地震発生後、震度Vを超える余震が頻発したことから、大地震後の応急点検における震度の目安等を改定した

○平成26年（2014年）：改定「免震建物の維持管理基準-2014-」
- 維持管理基準が制定されて18年が経過し、点検項目を簡素かつ要点を得たものに集約した
- 竣工時検査は従来と同様、免震部材全数ならびに免震機能に関する項目を厳密に検査する
- 竣工時検査が厳密に実施されていることを前提に、定期点検ではいくつかの項目を省略できる
- 定期点検が①、②の2通りで混乱があるため、定期点検のうち毎年の点検は「通常点検」とした
- 設計者や製造者等専門性を必要とする項目は、詳細点検の項目としたなお、竣工時検査ならびに定期点検すら行われていない免震建物も存在すると思われ、それらについては、定期点検時に、竣工時検査と同等の検査を行うことは言うまでもない

○平成 29 年（2017 年）：改定「免震建物の維持管理基準-2017-」

- 竣工時検査と以後の維持点検の位置付けを整理し、責任の範囲を明確とした
- 竣工時検査の実施項目は、維持点検に必要とされるものに限定し整理した
- 詳細点検の実施項目が対応条件により複雑であったため、項目の選定は所有者が定めることとした
- 「クリアランス」について、協会の考え方を改めて整理した
- ダンパー等について実態にそぐわない点検項目を整理した

○平成 30 年（2018 年）：改定「免震建物の維持管理基準-2018-」

- 「クリアランス」について、特に考慮すべき要因について整理した

○令和 4 年（2022 年）：改定「免震建物の維持管理基準-2022-」

- 従来の「免震建物の維持管理基準」に、改訂をおこなった「設計・施工時の維持管理計画に役立つ問題事例と推奨事例」及び「免震建物点検技術者の役割」を合本し活用しやすいものとした

付表1 点検一覧表

詳細点検の欄（異常・地震・強風・火災・水害）には、次の縦書きが各災害列に記載されている：「点検項目の選定については、災害状況により、所有者の指示により定める」（異常列：「所有者の指示による定める」）。

中央：維持管理 → 詳細点検

位置	部材	詳細	項目	点検内容詳細	方法*3)	計測精度	維持点検に必要な竣工時検査(点検)項目および更新工事後点検*4)	通常点検	定期点検	応急点検
2.1 免震部材	2.1.1 支承	(1)積層ゴム支承 (2)すべり系支承 (3)転がり系支承	外観	汚れ，異物付着の有無	目視		○	○	○	○
				傷の有無（長さ，深さ）	目視（計測）		○	○	○	○
			鋼材部(取り付け部)	腐食，発錆の有無	目視		○	○	○	○
				ボルト，ナットの緩み	目視または打音		○	○	○	○
			取り付け部躯体	損傷の有無	目視		-	○	○	○
			変位 *1)	鉛直変位量	計測または目視	0.1mm	○	-	○	-
				水平変位量	計測	1mm	○	-	○	-
			防塵カバー等	有無，損傷，欠落等の有無	目視		○	○	○	○
	2.1.2 ダンパー	(1)履歴系ダンパー	外観	大きな変形の有無	目視		○	-	○	○
				塗装剥れ，亀裂等の有無	目視		○	-	○	○
			鋼材部(取り付け部)	腐食，発錆の有無	目視		○	○	○	○
				ボルト，ナットの緩み	目視または打音		○	○	○	○
			取り付け部躯体	損傷の有無	目視		-	○	○	○
			主要寸法	各部材の主要寸法*2)	計測	1mm	-	-	○	-
			変位	水平変位量	計測	1mm	○	-	○	-
			可動範囲	躯体他との接触	目視（計測）	1mm	○	-	○	○
		(2)流体系ダンパー	外観	大きな変形の有無	目視		○	-	○	○
				損傷の有無	目視		○	○	○	○
			鋼材部(取り付け部)	腐食，発錆の有無	目視		○	○	○	○
				ボルト，ナットの緩み	目視または打音		○	○	○	○
			取り付け部躯体	損傷の有無	目視		-	○	○	○
			変位	取り付け長，可動長さ	計測	1mm	○	-	○	-
			粘性体，オイル	液漏れ等の有無	目視		○	○	○	○
2.2 耐火被覆	2.2.1 免震部材の耐火被覆		外観状況	外れ，めくれ，水濡れ等の有無	目視		○	○	○	○
				破れ，亀裂，折れ，欠損の有無	目視		○	○	○	○
			取り付け状況	留付けボルトの緩み，ガタツキの有無	目視または触診		-	○	○	○
			耐火材相互クリアランス	隙間の有無	目視（計測）	1mm	-	○	○	-
			可動，作動状況	可動範囲内障害物の有無	目視（計測）	1mm	-	○	○	-
2.3 免震層	2.3.1 建物と擁壁のクリアランス	指定計測位置	水平クリアランス	クリアランス	計測	1mm	○	-	○	○
			鉛直クリアランス	クリアランス	計測	1mm	○	-	○	○
			水平，鉛直マーキング位置	マーキングの有無，状態	目視		○	-	○	○
	2.3.2 免震層内の環境		障害物，可燃物	有無	目視		○	○	○	○
			排水状況	漏水，吹込，帯水，結露の状況	目視		○	○	○	○
	2.3.3 建物位置	下げ振り	設置位置	位置の確認	目視		○	-	○	○
			移動量	原点よりのX,Y方向移動量	計測	1mm	-	-	○	○
2.4 設備配管および電気配線	2.4.1 設備配管可撓継手	上下水道，ガス，その他配管	設置位置	位置の確認	目視		○	-	○	○
			継手固定部，吊り金具，固定金具等の状況	発錆，傷，亀裂，損傷等の有無	目視		○	○	○	○
				取り付けボルトの錆び，緩み	目視または打音		○	○	○	○
				液漏れ	目視		○	○	○	○
		配管，ケーブルラック，躯体，外周部等	相互クリアランス	水平，上下のクリアランスの有無	目視（計測）		○	-	○	-
	2.4.2 電気配線	電源，通信ケーブル，避雷設備他	設置位置	位置の確認	目視		○	-	○	○
			変位追従性	余長の確認	目視		○	-	○	○
2.5 建物外周部	2.5.1 建物周辺	躯体，犬走り，周辺設備	クリアランス	クリアランスの有無	目視（計測）	1cm	○	○	○	○
			障害物	障害物の有無	目視		○	○	○	○
		犬走りと擁壁間	水平開口	開口の有無	目視（計測）	1cm	○	-	○	○
	2.5.2 免震エキスパンションジョイント		免震EXP.Jの位置	位置の確認	目視		○	-	○	○
			可動，作動状況	可動範囲内障害物の有無	目視		○	○	○	○
				可動部のいびつな変形の有無	目視		○	○	○	○
			取り付け部の状況	発錆，傷，亀裂，損傷等の有無	目視		○	○	○	○
2.6 その他	2.6.1 免震建物の表示		設置位置	位置の確認	目視		○	-	○	-
	2.6.2 けがき式変位計		設置位置	位置の確認，不具合の有無	目視		○	-	○	-
			移動量	原点よりX,Y方向の移動量	計測	1mm	-	-	○	-
	2.6.3 別置き試験体		設置状況	加圧力	記録		○	-	○	-
			鋼材部(取り付け部)	腐食，発錆，ボルトの緩み等	目視または打音		○	-	○	-
	2.6.4 その他の不具合		著しい不具合	記録	目視（計測）		○	○	○	○

*1) 鉛直，水平変位の計測は，全ての部材で原則実施する．すべり系支承において問題ないと判断される場合は計測を省略し，目視にて隙間がないかを確認する．

*2) 各部の主要寸法については3．2節，表3.2.1，表3.2.2参照のこと．

*3)（計測）は定期点検，詳細点検において目視により異常が認められた場合に計測を行う．

*4) 更新工事後点検は竣工時検査（点検）と同等の位置付けとする．

付表2 点検項目 参考解説

位置	部材	詳細	項目	点検内容詳細	竣工時検査(点検)および更新工事後点検*4)	管理値 数値は目安,設計者が定める	参考
2.1 免震部材	2.1.1 支承	(1)積層ゴム支承 (2)すべり系支承 (3)転がり系支承	外観	汚れ,異物付着の有無		・機能に影響する汚れ,異物がない	・主にすべり系,転がり系支承の機能に影響する汚れや異物付着
				傷の有無(長さ,深さ)		・有害な傷がない	・積層ゴム支承は,長さ,深さとも10mm以上,他の支承は機能に影響する傷
			鋼材部(取り付け部)	腐食,発錆の有無		・浮き錆,赤錆,塗装の浮き,はがれがない	
				ボルト,ナットの緩み		・視認できるマーキングのずれがない	
			取り付け部躯体	損傷の有無		・取り付け部躯体にひび割れなどがない	・免震部材の取り付け部躯体の損傷で免震機能が発揮できない場合がある
			変位*1)	鉛直変位量		・3.1.4項参照	・鉛直変位の変動により,すべり系支承部材自体に不具合が見られないことから,特に問題が認められない場合は目視による点検も可とする.ただし,鉛直変位は免震建物としての状態を把握するうえで重要な項目である
				水平変位量		・3.1.3項参照	・水平変位は,竣工時でも温度伸縮や乾燥収縮で,外周部が大きくなる傾向がある.詳細は,第3章解説 表3.1.1参照
			防塵カバー等	有無,損傷,欠落等の有無		・破れ,はずれがない	・被覆がある支承の竣工時検査(点検)は被覆する前に,定期点検は,被覆の外観から支承への影響を判断.被覆の着脱は建物所有者の許可必要
	2.1.2 ダンパー	(1)履歴系ダンパー	外観	大きな変形の有無	竣工時検査(点検)および更新工事後点検は維持点検とは異なるため,ここでは以後の点検に必要となる点検項目,点検箇所及び調査方法のみ定め,管理値は,設計図書に従うものとして定めていない.設計図書に記載ない場合は,設計者に問い合わせる.	・外観上の大きな水平変形	・東日本大震災を受けて,鋼材ダンパーと鉛ダンパーについて点検強化した
				塗装剥れ,亀裂等の有無		・ダンパー本体の外観上の亀裂,塗装の剥れがない	・鋼材ダンパーでは,亀裂が生じたダンパーロッドは交換する ・鉛ダンパーは,亀裂長さ・深さを計測し,交換の可否は設計者が判断する
			鋼材部(取り付け部)	腐食,発錆の有無		・浮き錆,赤錆,塗装の浮き,はがれがない	・取り付け部の劣化や損傷で減衰機能が低下する
				ボルト,ナットの緩み		・視認できるマーキングのずれ	・ボルト,ナットの緩みでガタツキが生じ,減衰機能が低下する
			取り付け部躯体	損傷の有無		・取り付け躯体にひび割れなどがない	・免震部材の取り付け部躯体の損傷で免震機能が発揮できない場合がある
			主要寸法	各部材の主要寸法*2)		・表3.2.1,表3.2.2参照	・東日本大震災を受けて,鋼材ダンパーと鉛ダンパーについて点検細則を策定した ・鋼材ダンパーは,変形の状況を記録し,今後の処置は設計者の判断による ・鋼棒ダンパーは,メーカーの違いで上部の回転拘束の有無で2種類ある ・鉛ダンパーは,亀裂以外に上下各々軸径が管理値以内である事を確認する
			変位	水平変位量		・取り付けプレートの水平方向のずれ	・建物の残留変位に伴い,ダンパーにも水平変位が生じる
			可動範囲	躯体接触の有無		・鋼材ダンパーの上下変位で躯体接触がない	・U型ダンパー先端の上下変位で,天地の躯体に接触する可能性を確認する
		(2)流体系ダンパー	外観	大きな変形の有無		・ダンパー本体の外見上の変形がない	・全体のゆがみなどにより減衰機能が低下する
				損傷の有無		・減衰機能に影響を与える損傷がない	・地震時に設計通り作動せず無理な力が加わり損傷する場合がある
			鋼材部(取り付け部)	腐食,発錆の有無		・浮き錆,赤錆,塗装の浮き,はがれがない	・取り付け部の劣化や損傷で減衰機能の低下
				ボルト,ナットの緩み		・視認できるマーキングのずれ	・ボルト,ナットの緩みでガタツキが生じ,減衰機能の低下
			取り付け部躯体	損傷の有無		・取り付け躯体にひび割れなどがない	・免震部材の取り付け部躯体の損傷で免震機能が発揮できない場合がある
			変位	取り付け長,可動長さ		・残留変位で,一方向への偏り	・残留変位が大きい場合,次の地震で変位限界を超える可能性有り ・減衰機能に重要な流体の流出あるいは流出痕の確認
			粘性体,オイル	液漏れ等の有無		・様々な要因による流体の漏出がない	・粘性体,オイルの流出あるいは流出痕の確認
2.2 耐火被覆	2.2.1 免震部材の耐火被覆		外観状況	外れ,めくれ,水濡れの有無		・耐火機能に影響する乱れがない	・耐火被覆の脱落は別として,乱れや損傷が耐火機能にどの程度影響するかの定量的な見解はない 点検技術者は,状況を記録し,設計者の判断に委ねる
				破れ,亀裂,折れ,欠損の有無		・耐火機能に影響する損傷がない	
			取り付け状況	留付ボルトの緩み,ガタツキの有無		・固定する部位に緩みがない	・被覆がある支承の竣工時検査(点検)は被覆する前に,定期点検は被覆の外観から支承への影響を判断.被覆の着脱は建物所有者の許可必要
			耐火材相互クリアランス	耐火材相互のないまたは少ない		・ずれ量,隙間がないまたは少ない	・耐火被覆の変位は,建物の残留変位とは異なる.水平方向は"ずれ量",鉛直方向は"隙間"を定義している.一般的な管理値は現状未定義
			可動,作動状況	可動範囲内障害物の有無		・被覆材の可動を妨げない	
2.3 免震層	2.3.1 建物と擁壁のクリアランス	指定計測位置	水平クリアランス	クリアランス		・大地震時に衝突しない	・竣工後の様々な要因で建物の水平移動が生じる
			鉛直クリアランス	クリアランス		・上部,下部構造が接触していない	・鉛直クリアランスは,重力の影響などで,竣工時より小さくなる傾向がある
			水平,鉛直マーキング位置	マーキングの有無,状態		・マーキングの薄れ,剥離がない	・マーキングは,竣工時検査(点検)で適正な位置に実施される ・定期点検でマーキングが見当たらない場合は,適正位置にマーキングを実施 ・定期点検時にマーキングの劣化が見られる場合は,再マーキング
	2.3.2 免震層内の環境		障害物,可燃物	有無		・図面に記載がない物品の配置がない ・階として使用している場合,可燃物の設置は可	・竣工後の建物の使い方で,免震層に様々な物品が置かれる可能性
			排水状況	漏水,吹込,帯水,結露の状況		・乾燥状態になっている	・地下水の漏出や結露など,設計・施工時点で予想していない状況の確認
	2.3.3 建物位置	下げ振り	設置位置	位置の確認		・下げ振りの有無,0点の設置	
			移動量	原点よりのX,Y方向移動量		・竣工時検査(点検)からの上部構造のずれ	
2.4 設備配管および電気配線	2.4.1 設備配管可撓継手	上下水道,ガス,その他配管	設置位置	位置の確認		・可撓が必要な部位に配置	・竣工時検査(点検)においても確実に実施されていることを確認
			継手固定部,吊り金具,固定金具等の状況	発錆,傷,亀裂,損傷等の有無		・有害な傷,亀裂がない	・可撓部の損傷や配管結合部の緩みや損傷 ・配管が確実に支持されているか ・配管を固定(吊り)している躯体に亀裂や劣化がないか
				取り付けボルトの錆,緩み			
				液漏れ		・配管周辺からの液漏れがない	・配管からの液漏れや液漏れの痕跡の確認する
		配管,ケーブルラック,躯体,外周部等	相互クリアランス	水平,上下のクリアランスの有無		・大地震時に衝突しない	・目視にて躯体,仕上げや配管,配線相互間のクリアランスが小さい場合に計測
	2.4.2 電気配線	電源,通信ケーブル,避雷設備他	設置位置	位置の確認		・余長が必要な部位に配置	・竣工時検査(点検)において確実に実施されていることを確認 ・ケーブル類の劣化は,免震機能と無関係,その他著しい不具合に記載
			変位追従性	余長の確認		・免震層を跨ぐ部分の追従性ある長さの確認	・避雷針ケーブルの破断は免震機能に影響
2.5 建物外周部	2.5.1 建物周辺	躯体,犬走り,周辺設備	クリアランス	クリアランスの有無		・上部構造周辺の接触可能性ある物品がない	・水平クリアランスと同等の間隔が必要.距離に疑念がある場合は計測
			障害物	障害物の有無		・障害物がない	
		犬走りと擁壁間	水平開口	開口の有無		・狭小空間,落下の危険がある開口がない	・安全上の配慮(設計者の責任)・上部構造の動きにより挟まれや転落事故の可能性がある開口
	2.5.2 免震エキスパンションジョイント		免震EXP.Jの位置	位置の確認		・位置,機構が管理要領に図示	・当協会のガイドラインでは,免震EXP.Jは,その設置前及び設置後に施工検査を行う.その後の外構工事などで改変されていないか確認
			可動,作動状況	可動範囲内障害物の有無		・可動域内に障害物がない	・免震EXP.Jは,作動機構が複雑かつ仕上げで目視できないものもある.書類上で可動域を確認するとともに,その範囲内に障害物が無いことを確認する
				可動部のいびつな変形の有無		・本体,取り付け部に有害な変状がない	・建物の残留変位などで免震EXP.Jが一方向に大きく変形する場合がある.地震などの影響で変形や緩みが生じる場合がある
			取り付け部の状況	発錆,傷,亀裂,損傷等の有無		・取り付け躯体にひび割れなどがない	・免震EXP.Jの取り付け部躯体の損傷で作動不良となる場合がある
2.6 その他	2.6.1 免震建物の表示		設置位置	位置の確認		・免震告示に沿った掲揚がある	・免震建物,その他必要事項が記載された掲揚が適正位置に掲揚
	2.6.2 けがき式変位計		設置位置	位置の確認,不具合の有無		・存在と記録機能が健全である	・けがき式変位計の設置は推奨事項である.記録機能の健全性を確認
			移動量	原点よりX,Y方向の移動量		・竣工時検査(点検)からの上部構造のずれ	
	2.6.3 別置き試験体		設置状況	加圧力		・存在と加圧力の低下がない	・最近は別置き試験体の設置は少ない.存在の場合加圧値を確認
			鋼材部(取り付け部)	腐食,発錆,ボルトの緩み等		・特に加力治具の発錆,ボルトの緩みがない	
	2.6.4 その他の不具合			記録		・免震機能以外の不具合がない	・気付いたものについては記録

中央矢印: 維持管理

*1) 鉛直,水平変位の計測は,全ての部材で原則実施する.すべり系支承において問題ないと判断される場合は計測を省略し,目視にて隙間がないかを確認する.
*2) 各部の主要寸法については3.2節・表3.2.1,表3.2.2参照のこと.
*4) 更新工事後点検は竣工時検査(点検)と同等の位置付けとする.

設計・施工時の維持管理計画に役立つ
問題事例と推奨事例

－ 点検業務から見た免震建物 －

JSSI 一般社団法人日本免震構造協会
Japan Society of Seismic Isolation

目　　　　　　次

1. 建築主への告知（設計者）

　免震建物は、地震時に地盤と建物上部構造が相対水平変位します。したがって免震建物には特殊な免震部材が用いられ、また水平に動くことができるように免震部材を設置している免震層内や建物周囲には、上部構造の動きを妨げない隙間（クリアランス）が確保されています。しかし、このクリアランスは地震時には重要ですが、平時には特に意識されないため、ここに備品や工作物を置いたり一般利用者が不用意に立ち入ったりすると地震時に思わぬ事故を招くこともあります。

　それゆえ、免震建物には長期にわたってクリアランスが確保されているか、またクリアランス部（建物可動範囲）の安全対策が保持できているかを確認するために維持管理（点検）が必要となります。

　近年免震建物の増加に伴い、維持点検においてこれらの不備や不足の指摘も増え、これに伴う工事の手直しというトラブルも発生しています。これらは初期の設計段階や施工段階で、設計者と施工者が緊密に連携することで防止できるものです。しかし建物が建築主に引き渡されると、その後の免震建物の状況を把握することが困難になるため、免震層や外周クリアランス部が改変され、安全対策などがおろそかになっているものも見受けられます。

　したがって、建築主に免震建物の特性や安全対策の重要性を認識してもらい、たとえ建物所有者が変わってもこれを引き継いでもらうことが重要です。

免震建物の周囲には、安全対策が施されているので改変しないで下さい。

　以下に、設計段階で建築主（竣工後の建物所有者）に告知しておく必要がある維持管理上の遵守事項および重要事項について解説します。

1.1　建物供用期間中の遵守事項の告知

□　免震建物の特徴（免震部材の種類、地震時の挙動、免震機能を維持するための保守方法等）を建築主に説明したか

□　免震層内外のクリアランス部に備品、機材、工作物を設置してはいけないことを告知したか

□　供用期間中に免震機能を妨げる増改築をしてはいけないことを告知したか（やむを得ず行う場合は設計者に相談することを推奨）

□　建物可動範囲内の安全措置を改変してはいけないことを告知したか

□　建物利用者が容易に免震層に立ち入らない対策が必要なことを告知したか

□　建物所有者が変わる場合に、免震建物の安全に係る事項を引き継ぐことが必要であることを告知したか

□　建物の維持点検記録を保管しておくことが重要であることを告知したか

「解　説」

　建物所有者・管理者が免震建物の特性を理解していないと、供用期間中に免震層のクリア

1

ランス部を倉庫代わりとして使用したり、または工作物を設置したりしてしまうことがあります。免震層を倉庫代わりに使用すると、火災リスクの増大や、物品の放置により地震時に免震機能が損なわれることもあります。

　また建物が動いて人に危害が及ぶ範囲には、設計時点で人が立ち入らないように、柵（エキスパンション・ジョイント等）の設置や植栽を設置するなどの安全対策が講じられています。建物所有者・管理者がこれらを理解していないと、安全対策が講じられている部分の改変が行われ、地震時に思わぬ事故を招く可能性があります。

　免震層の出入り口には、不用意に第三者が立ち入らないように施錠対策が施されていますが、これが守られず第三者が侵入すると、感電事故や密閉された空間での酸欠事故、地震時の上部構造の動きに挟まれたりする事故のリスクが高まります。

　分譲マンションや賃貸マンションでは、マンションの管理組合や賃貸者にこれらの項目を周知することが必要となるため、免震建物の安全性確保について告知するとともに文書などで告知記録を残すことが大切です。

　免震建物の維持点検には、その機能を維持するための竣工時検査と日常的な通常点検、一定期間ごとの定期点検および地震などの被災後に行う応急点検があります。このうち定期点検は竣工後5年、10年、以後10年ごとに行い、免震部材の経年変化に対する安全性の確認と、その後の変化を予測することに用います。しかし点検の間隔が非常に長く、これらの報告書が散逸することもあるため、建物所有者・管理者に対し点検結果報告書を継続して管理する重要性を告知することが大切です。

　免震建物の所有者・管理者が変わっても、これらの安全に対する事項が引き継がれるように、完成図書などに記載しておくことも必要です。

＜問題事例＞
1)　建物所有者が変わった時に、免震層を倉庫の代わりにわりに使用していた。
2)　建物外周部の可動範囲内に駐車場や倉庫が新設されていた。
3)　上部構造に接して太い幹がある樹木などが植樹されていた。
4)　定期的な維持管理の必要性を建物所有者・管理者が認識しておらず、点検が実施されていないか、もしくは実施しても点検記録の保管場所が定かでなかった。

＜推奨事項＞
1)　建物引渡し時に、免震建物の機能と留意点および維持管理の必要性について書面で告知を行う。
2)　一般利用者向けに、免震建物の機能や注意点を知らせることを目的として、説明書を用意する。
3)　検査や点検記録の一貫性と散逸を防ぐため、管理システムが充実している業者を選択する。

1.2 重要事項の告知

□　損傷許容を前提に設計されている部分を告知したか
□　地震後に残留変位が生じることと、その対応について事前に告知したか

「解　説」
　　免震建物の設計では、敷地面積や免震層のスペースの関係から、配管、配線または建物外周部の工作物に対するクリアランスが確保できないため、やむを得ず免震機能への阻害性が軽微なものについては、大地震時に損傷を許容する場合があります。

　　また地震後に免震部材の交換が生じた際に、交換経路上にある配管や設備の一時的な取り外し、もしくは搬出入のために床や壁を取り壊す必要が生じる場合もあります。しかし、完成図書あるいは重要事項説明書にその旨の記載がない場合、これらは定期点検などで不具合箇所として指摘されます。このような指摘があると、建物所有者から設計者または施工者に対し、損傷を許容しない納まりに改修することを要求されるか、または工事費用の請求をされる場合があります。特に建物所有者が変わった場合に、損傷許容部分についての情報の引継ぎがなされていない場合には問題となります。

　　免震部材に履歴系ダンパーなどの部材を用いた場合は、地震後に建物の残留変位や免震部材に残留変形が残る可能性もあります。多少の残留変位や変形は免震機能に問題ありませんが、建物外装部分の目地やタイルなどにズレが残り、外観を損なうこともあります。完成図書などに許容する残留変位量やそれによる懸案事項を記載し、予想される損傷について事前に建物所有者・管理者に告知しておくことが大切です。

＜問題事例＞
1)　完成図書などに損傷許容部位が明文化されていないため、損傷しない納まりに改修するか、もしくは損傷時の工事費用負担について補償を求められた。
2)　設計者は防犯上の観点から上部構造に接してフェンスを設置したが、免震機能への阻害が極めて小さいにもかかわらず、点検で地震時にフェンスが損傷することが指摘された。
3)　維持点検時に毎回同じ個所がクリアランス不足として指摘された。
4)　中小地震の度に残留変位を戻す工事を要請された。

＜推奨事例＞
1)　地震時に損傷を許容する部分がある場合は、完成図書などに明記して建物所有者の了解を得る。
2)　点検を実施する際は、免震建物点検業者に対しこれまでの点検状況を事前に情報提供する。

2．建物の計画時（設計者）

2.1 免震建物の表示

> □　建物に“免震建物である”ことを表示したか

「解　説」

　免震建物は、その機能を有効に発揮させるために各種の設計的な配慮がなされています。しかし第三者が不用意に立ち入ると、思わぬ事故を招くことや、緊急（火災、急病）時の救助隊への妨げになることもあります。このため建物には「免震建物」であることを表示しなければなりません。免震建物であることの表示は、平成12年建設省告示第2009号の免震建物の耐久性等関係規定に“免震建物の出入口やその他の見やすい場所に、免震建築物であることとその他の必要な事項を表示すること”と規定されています。

2.2 免震層計画

> □　免震層へのアクセス（出入口）は確保したか
> □　免震部材を交換する際の交換手順、経路、搬出入口は検討したか
> □　損傷許容を前提に設計されている部位、配管類は設計図書に明記したか
> □　免震層の照明や換気の計画は検討したか

「解　説」

　免震建物は、免震部材が万一損傷した時に備えて、免震部材が交換できるように設計することが必要です。免震部材の交換には、交換するための機材の搬出入と、交換した免震部材の移動経路の確保と搬出入が可能な出入口が必要です。

　近年、免震建物の大型化、高層化に伴い免震部材の寸法も大型化していることから、搬出入口はその大きさに合ったものとする必要があります。さらに重たい免震部材の場合は、搬出入に重機などが必要となる場合もあることから、重機のブームや取り回しが可能な建物設計が必要となることもあります。また、点検技術者がアクセスできる出入口も必要で、これらの出入り口には部外者が容易に立ち入らないように施錠することが重要です。

　免震層や建物にスペースの余裕がないため、設備配管と免震部材交換経路の両立が困難で、やむを得ず設備や配管などを解体せざるを得ない場合や、大きな搬出入口の確保が不可能な場合で、建物利用者の災害時避難経路と重複するような場合には、免震部材の交換時に床や壁などを一時的に解体し、避難経路を確保することも考えられます。このような場合には、交換時に解体することや、解体場所、解体方法などを設計図書や重要事項説明書に記載しておくことが重要です。

　さらに地震時に多少の接触があっても安全性や機能上の問題が許容される場合は、配管やケーブルラックなどの接触を許容することで、クリアランス不足を許す場合もありますが、この場合も設計図書や重要事項説明書に記載しておくことが大切です。

　免震層の点検には免震部材の型番確認や、ノギスによる計測が必要となります。このため、

免震層には計測に必要な適度な照明と計測機器用の電源が必要となる場合もあり、設計時に配慮しておくことが大切です。(ただし工事用仮設照明を本設として設置した場合、関連の法令を遵守する必要があります)

さらに点検のために長時間滞在することもあるため、免震層に異臭やガスが充満しないように、換気についても設計配慮することが大切です。

2.3 クリアランス計画

免震建物は地震時に水平方向に大きく変位します。設計者は建設地や地盤および想定される地震を考慮して水平変位量を設定しますが、実際の建物を建設するにあたっては、変位量以外の要素も加味してクリアランスを設定する必要があります。

このクリアランスには、設計クリアランスと最小クリアランスがあり、設計クリアランスとは建物の位置、高さ、長さなどを設定する時に用いる値で、設計者が地震時の応答変位や応答値のばらつきなどに加え、適切な要因*を考慮して建物の施工時に確保すべき値として設計図書に記載します。

一方、最小クリアランスは、建物の免震機能を維持するために必要な最小限のクリアランスで、許容できる施工誤差や残留変位などを考慮した管理値（基準値）として設計者が設計図書に記載するか、もしくは別途提示することが重要です。

この値は維持点検における管理値として点検技術者に示すことになるため、点検時にクリアランス計測値が設計クリアランス（基準値±許容値を含む）または最小クリアランスを下回った場合には不適合となり、このような場合には工事の手直しや、地震後の残留変位を原位置に戻すことが必要となる場合もあります。

＊クリアランスに影響する要因例：

水平方向：構造躯体の温度伸縮（長い建物では数十ミリになる）、コンクリートの乾燥収縮、残留変位、施工時に生じる誤差、クリアランス内に施される仕上げ材厚さなど（断熱材等も含む）。

鉛直方向：積層ゴム支承の沈み込み、積層ゴム支承のクリープ変位、積層ゴム支承の温度伸縮など。

なお、設計クリアランスや最小クリアランスについては、「免震建物の維持管理基準」に詳細が記載されているので参照して下さい。

以下に維持管理の点からみたクリアランス設定時の要点を解説します。

(1) 設計クリアランスの設定

> □ 設計クリアランスには地震時の変位に加え、クリアランスに影響する要因を考慮したか
>
> □ 意匠設計者、構造設計者および設備設計者間での調整を行ったか
>
> □ 設計クリアランスは隣地境界までの距離を超えていないか
>
> □ クリアランスには、意匠（仕上げ厚さ、装飾物等）についても考慮したか

「解　説」

　地震時に上部構造が免震層の擁壁へ接触、もしくは犬走部分が他の構造体や敷地内の工作物に接触すると、免震効果を損なうばかりか擁壁や工作物を破壊することにもなります。したがって地震時に上部構造体が可動できるように、クリアランスを適切に設定することが重要です。

　また、敷地境界（隣地境界または道路境界）までの距離も確保することが必要です。隣地境界までの距離より設計クリアランスの方が大きい場合には、地震時に建物外周部が隣地境界を超えることになり事故を招くことにもなります。告示設計の場合は隣地の使用状況（用途）によって、地震時水平変位に対する必要距離が定められていますが、時刻歴応答解析により大臣認定を取得した場合は、地震時応答変位に対してどの程度の余裕を見込むかは設計者判断となります。建物用途や隣地状況に応じて適切に設定することが重要です。

　さらにここで大切なのは、構造設計者が上部構造の挙動やクリアランスの要素を加味して設定したとしても、意匠や設備担当者との意思疎通が不足していると思わぬ問題を起こすことになります。例えば構造躯体以外の意匠デザイン仕上げや装飾物、さらに免震層内の配管・配線ダクトおよび避雷設備、電源盤などの設置位置を各担当者と事前に決めていない場合、竣工した時にクリアランス不足として指摘されることにもなります。

　ただし、設計段階では詳細に決められない事項もあるため、このような場合には、施工段階で施工者と細部を決めながら進めることが大切です。

　要は意匠設計者、構造設計者、設備設計者、施工者との情報の共有と緻密な計画が必要で、構造設計者が必要と判断したクリアランスをどのように確保するかが重要となります。

設計クリアランスは？
最小クリアランスは？
施工誤差は？
意匠装飾物は？
仕上げ材厚さは？

<問題事例>
1) 施工誤差により免震層外周部のクリアランスが数ミリ管理値を下回り、竣工時検査の指摘により免震層の擁壁面全体を数ミリ研（はつ）ることになった。
2) 寒冷地の免震建物で、上部構造の梁や柱基礎に当初考慮していない断熱材を施工したため、規定のクリアランスが確保できなくなった。
3) 免震層内に受水槽を安易に設置したため、地震時に上部構造の梁や柱基礎が受水槽に接触する可能性が指摘され、全戸を一時断水させて受水槽の移動工事を実施した。

4) 敷地内に設置された受水槽と上部構造の庇の樋が接触することが指摘された。これは庇先端に塩ビ製の樋を取り付けることが、設計者と施工者で共有されていなかったために、規定のクリアランスが確保できなくなったことに起因している。

5) 竣工時検査もしくは通常点検（定期点検）において、地震時に上部構造の犬走りが塀に接触する可能性が指摘されたため犬走り先端を切断した。

<推奨事例>

1) 免震層周りの各種仕上げ材について、設計時点で一覧表形式のチェックシートを作成して、クリアランスの確認を行う。

2) 設計段階および施工段階で、免震層内の配管、配線ラックの取り付け位置と外構に設置される工作物（受水槽、フェンス、散水栓、配管等）について一覧表形式のチェックシートを作成し、設計者と施工者がクリアランスの確認を行う。

3) 地震時に上部構造の犬走りが敷地内の塀に接触することを防止するため、塀の一部で犬走りが接触する可能性のある部分をくり抜き植栽を設置する。

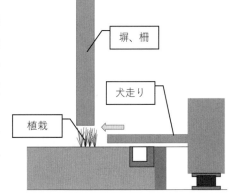

(2) 最小クリアランスの設定

□　維持点検時の指標となるクリアランス値を管理値（最小値または許容差を含んだ基準値）として示したか

「解　説」

　　維持点検時に最も多く発生する問題もこのクリアランスに関連するものです。上部構造と免震層の擁壁や建物外周部と敷地内工作物との設計クリアランスは、設計図書に明記されますが、最小クリアランスが示されていない場合は、設計クリアランスが管理値となるため、点検時に思わぬトラブルになる可能性があります。

　　クリアランスの設定の多くは設計者が検討すべきものですが、時には施工段階で施工者と調整して決定するものもあります。しかしこのような場合は設計図書とは異なるため、維持点検要領書に点検時の管理値（最小値または基準値±許容値）として記載しておくことが重要です。

　　また、最小クリアランスの設定は設計者の意図が反映されるため、建物所有者・管理者がそれを判断できるように、その根拠や考え方を設計図書に記載しておき、後の維持点検に活用できるようにすることも大切です。例えば、温度伸縮の計算方法や残留変位がある場合はどのように考えるかなど。

　　点検技術者は設計者や施工者の立場と異なり、公正な第三者として設計図書などに記載されている管理値に基づいて点検を行い、その値に対する適否を報告します。

<問題事例>

1) 寒冷時期に竣工した長大な建物が、夏場に実施した点検では、建物が温度伸縮で竣工時

より膨張し、クリアランスが管理値を下回った。

2)　地震後の残留変位により、クリアランスが片側のみ管理値を下回った。

＜推奨事例＞

1)　設計図書もしくは点検指示書にクリアランスの管理値および許容値とクリアランスに対する考え方を明記する。

2)　設計図書以外に施工者との調整結果を反映させて、最終的な管理値と許容差を維持点検要領書などに記載し、管理値を下回った場合の検討項目や対応手順を示す。

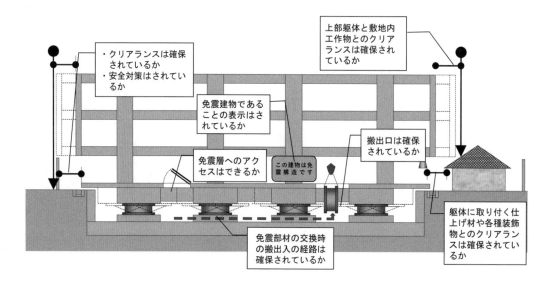

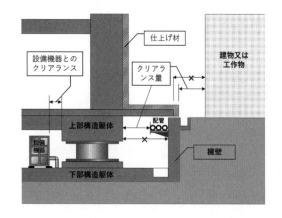

クリアランスのチェック項目
（構造・設備・施工計画担当者との整合を図

	躯 体	仕上げ	配 管	機 器	外 溝
躯 体	○	○	○	○	○
仕上げ		○	○	○	○
配 管			○	○	○
機 器				○	○
外 溝					○

注）クリアランスの確認は躯体同士のみでなく躯体と配管、配管同士なども見逃さないようにする

2.4 配管・配線計画

(1) 配管計画

☐ 免震層内の外周部クリアランス部に配置する配管は、構造躯体とのクリアランスを確認したか

☐ 上部構造躯体に取り付ける配管と、基礎側（下部構造躯体）に取り付ける配管同士のクリアランスを確認したか

☐ 可撓継手の位置は明確にしたか

「解　説」

　免震層に設備の設置や設備配管を行う場合は、2.2「免震層の計画」で示した免震部材の搬出入経路を確保することは必須ですが、それ以外に次のことに配慮する必要があります。

① 配管類は配線類と異なり鋼管となるため、構造体や配管同士の接触で思わぬ損傷を招く。

② 配管を上部構造側と下部基礎側に分けて計画する場合には、これら配管の上下クリアランスを見込み、地震時に接触しないように配慮する。

③ 配管が上部構造側と下部基礎側に跨る場合は、可撓継手やL字配管を用いて建物のクリアランスが十分確保できる構造とする。

④ 免震層内の外週部に構造的なクリアランスを確保していても、配管は外部から外周クリアランス部を通って免震層内に入るため、この配管によってクリアランスが阻害されることもある。このような場合には余裕をもったクリアランスを設けるか、引き込みスペースを設置するかまたは上部構造との干渉を避けた位置から引き込むなどの配慮が必要。

⑤ 大地震時に接触することを前提として配管計画を行う場合は、設計図書などにその旨の記載がないと、点検時に指摘されることがある。基本的に配管類は地震時に損傷させないことが原則ですが、安全性や機能上極めて軽微なものについては、このような考え方もある。

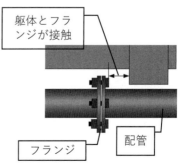

> クリアランスは確保されているか
> 配管経路と躯体のクリアランスは保たれているか
> 可撓継手の可動距離はクリアランスをカバーしているか

<問題事例>

1) 配管類が密に配置され、クリアランスが確保されていない。

2) 免震層内の外周クリアランス部に、外部雨水を排水するための縦管が犬走りを貫通して配置されていた（建物が変位した時に躯体と配管が接触して損傷）。

3) 配管の可撓継手と配線の余長は考慮されているが、クリアランス量が確保できていない。もしくは外部から免震層への引き込みで設備配管スペースが確保できず、無理な配管を行っていた。

4) 配管本体同士はクリアランスが確保できていたが、配

> 躯体とフランジが接触
> フランジ
> 配管

管を繋ぐフランジ部分の径が、地震時に躯体または配管同士と接触し損傷を与えた。

5) 上部構造と下部構造に跨る配管に可撓継手が設置されていなかった。

6) 基礎側に後付けした手摺が、配管もしくは配管ラックに接触した。

7) 配管・配線が免震部材交換時の運搬経路を塞いでいたが、維持点検要領書などに記載がなかった。

8) 設計図書に記載がないまま損傷許容部として計画されている配管があった。

＜推奨事例＞

1) 設計図書または維持点検要領書に損傷許容部位や交換時の注意事項を明記する。

2) クリアランス部に干渉しないように、配管引き込みスペースを設置する。

3) 配管を上部・下部構造側に区別した、色別シールを貼って明確にする。

(2) 配線計画

> □ ケーブルラックと躯体間のクリアランスは確保したか
>
> □ ケーブルラック同士のクリアランスは確保したか
>
> □ 太径の幹線ケーブルと躯体間のクリアランスは確保したか
>
> □ 配線の余長はクリアランス以上を確保したか
>
> □ 特別高圧ケーブルには危険表示をしたか

「解　説」

免震層に配線を行う場合は、次のことに配慮することが大切です。

① 各種配線を行う場合は、上部構造に取り付くケーブルラックや吊り金物と基礎（または下部構造）に取り付けられる下部ケーブルラックとのクリアランスを確保することが大切。

② ケーブルラックが地震時に揺れ過ぎないように筋交いを配置するなどの配慮も大切。

③ 電気幹線が太径ケーブルの場合は、配管類と同じくある程度の曲げ剛性と強度を有するため、躯体とのクリアランスに対する配慮が大切。

④ 上部構造と下部構造に跨る場合は、クリアランスを十分確保できる余長が必要。

⑤ 一般的に、特別高圧ケーブルなどの危険な配線類は危険表示を行う必要があり、維持点検などで点検業者が免震層に入る場合には、これらの表示を確認する。

⑥ 建物完成後や引渡し後に通信ケーブルなどの引き込みを行う場合には、専門工事業者や建物所有者・管理者に、余長が必要であることの注意を喚起することが大切。

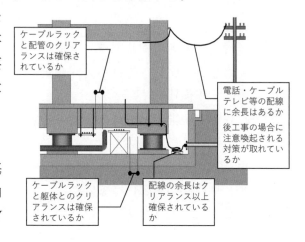

ケーブルラックと配管のクリアランスは確保されているか

電話・ケーブルテレビ等の配線に余長はあるか

後工事の場合に注意喚起される対策が取れているか

ケーブルラックと躯体とのクリアランスは確保されているか

配線の余長はクリアランス以上確保されているか

＜問題事例＞

1) 上部躯体側に取り付けた配線ラックと基礎側に取り付けた配線ラックが、X 方向はクリアランスが確保されていたが、Y

方向にはクリアランス不足が発生した。

2) 配線の余長は、一見、確保されているように見えるが、計測すると必要なクリアランスが確保できていない部位があった。

3) 余長無しに通信用ケーブルなどの配線を建物に引き込んでいた。

＜推奨事例＞

1) 特別高圧ケーブル周辺のフェンス内には立ち入らない。

(3) その他の設備計画

☐　アース線または避雷導体は免震部材を経由しない経路を確保したか

☐　アース線または避雷導体はクリアランス以上の余長を確保したか

「解　説」

　免震建物の上部構造と下部構造とは、免震部材のみで繋がっている場合がほとんどのため、落雷時に大容量の電流が免震部材を通過し、免震部材に甚大な被害を与える可能性があります。このため上部構造に落雷の可能性がある建物では、免震部材をバイパスする避雷設備が必要です。また、アース線も免震部材をバイパスして設置しなければなりません。

＜問題事例＞

1) 免震部材をバイパスする避雷設備が設置されていなかった。

2) アース線が余長なしに免震層を貫通していた。

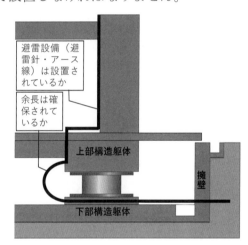

避雷設備（避雷針・アース線）は設置されているか

余長は確保されているか

上部構造躯体

擁壁

下部構造躯体

2.5　損傷許容部位の設計

☐　損傷を許容している部位は、建物の安全性や機能上に支障のないことを確認したか

☐　損傷許容部位は、設計図書および完成図書に明記したか

「解　説」

　1.2 項「重要事項の告知」に記載したように、上部構造と周辺工作物や配管・配線は十分なクリアランスを確保することが望ましいが、設計においてスペースや費用対効果の面で、大地震時には損傷を許容せざるを得ない部分も生じることがあります。

　その場合には免震建物の三つの安心を意識した設計を行い、損傷時の修復費用の負担責任も含め設計図書または完成図書あるいは重要事項説明書などに明記することが重要です。

（地震時における免震建物の三つの安心）

①居住者の安心：建物の大規模な損傷を防止し、居住者の安全を確保します

②財産の安心：建物の保全だけでなく、家具の転倒も軽減され、財産の保全に寄与します

③機能の安心：建物の揺れが軽減されるため、建物の機能に対するダメージを少なくします

<問題事例>

1.2 項「重要事項の告知」参照。

<推奨事例>

1) 標準図の免震関連記載事項に損傷許容部位の項目を作成し、設計時点での見落としが無いようにする。

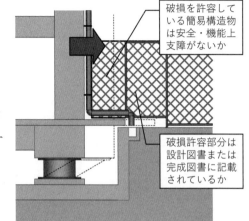

破損を許容している簡易構造物は安全・機能上支障がないか

破損許容部分は設計図書または完成図書に記載されているか

2.6 第三者に対する安全の確保

> □ 関係者以外が免震層へ立ち入ることによる事故防止対策は計画したか
> □ 地震時に上部構造躯体の水平移動による第三者への事故防止対策は計画したか

「解 説」

　免震層には免震機能を発揮するための重要な部材があり、また建物に必要な配線、配管なども集中します。しかしこれらは必ずしも傷や火に強い材質ではない物もあるため、免震層には第三者が容易に侵入できないような構造とし、その出入り口には施錠する対策が重要です。

　免震建物への訪問者はこの建物が免震構造であることを知らない人もいます。来訪者が、自転車・バイク・自動車などを建物近くに停めると、地震時に思わぬ事故を招くことも想定されます。特に子供たちが建物可動範囲に立ち入らないような施策を計画し、外周クリアランス部に柵を設置するような場合には、子供が容易に開けて立ち入ることができない機構や構造とします。

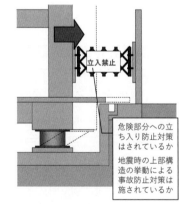

立入禁止

危険部分への立ち入り防止対策はされているか

地震時の上部構造の挙動による事故防止対策はされているか

　また建物所有者・管理者にこのような安全に対する配慮が必要であることを認識してもらうことも重要です。

2.7 残留変位への対応

□ 大地震や中小地震後の残留変位による建物への影響は把握したか
□ 設計で許容した残留変位以上が残った場合、その対応策は計画したか
□ ケガキ計の設置有無について関係者と協議したか

「解　説」

　免震部材には多くの種類があり、設計者は建物用途によって部材を組み合わせて免震建物を設計します。建物によっては地震後の残留変位を許容する場合もありますが、この場合には残留変位量を考慮した犬走りの幅や、残留変位による手摺、跳ね上げ式のエキスパンション・ジョイントなどへの影響を考慮した設計を行うことが重要です。また構造上の問題だけではなく、目地やタイルなどのずれによる美観上の観点からも考慮しておくことが大切となります。

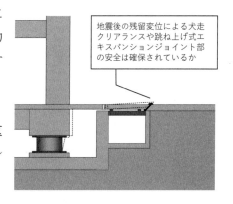

地震後の残留変位による犬走クリアランスや跳ね上げ式エキスパンションジョイント部の安全は確保されているか

　さらに鋼材ダンパーなどは残留変位による形状変化を起こしやすいため、これらについても予め建物所有者・管理者に周知しておくことと、大きな残留変位が残った場合の対応策なども検討しておくことが大切です。

　けがき計は地震時に建物がどのように動いたかを記録するものです。けがき計は任意で取り付けるものですが、建物の移動量や移動方向などが記録されるため、建物に被害が出た場合の検討資料として、また維持点検時の有力な参考データとして活用できます。

＜問題事例＞
1) 中小地震後に微小な残留変位が残って、タイル目地のズレが目立ち、美観が損なわれた。
2) 地震後に地上面で外周クリアランス部の外溝蓋が外れたが、残留変位により蓋が閉まらなくなった。
3) 地震時にけがき計取付け部が外れ、地震時の変位が計測できなかった。

＜推奨事例＞
1) タイル目地の模様に残留変位によるズレが目立たない工夫を行う。
2) 外周クリアランス部上の蓋に緩衝材を用いて、多少の変位にも対応できるように工夫する。
4) けがき式の変位計を取付ける場合は、万一の地震時に機能するように確実に取付けて、地震時に損傷することがないように確認する。

３．建物の施工計画時（施工者）

3.1 施工時のクリアランス確認

> ☐ 設計図書の設計クリアランスまたは最小クリアランスを確認したか
> ☐ 設計クリアランスには、構造躯体の温度伸縮やコンクリートの乾燥収縮、施工誤差が含まれているか確認したか
> ☐ 設計者に施工誤差について確認したか
> ☐ 施工誤差が発生しても、設計クリアランスが確保できるように計画したか

「解　説」

　　現状では設計クリアランスに考慮すべき要因が統一されていないこともあり、施工者はどの要因*が設計クリアランスに含まれているかを、設計者に確認することが重要です。

　　免震建物の施工では、設計クリアランスにしたがって型枠設置を行いますが、設計で指定された寸法に対する誤差は不可避であるため、施工精度やコンクリートの伸縮などによる施工誤差を予め考慮しておくことも大切です。

　　また設計図書において、クリアランスの設計寸法や管理値に許容誤差の記載が無い場合は、施工誤差の取り扱いについて事前に設計者と協議・確認しておくことも必要です。誤差を考慮せずに施工した場合、もしクリアランス管理値を下回る場合が生じると、工事の手直しが必要となる場合もあるため、設計者の考え方を理解した上で施工を実施する必要があります。

クリアランスには施工誤差も見込まれているか。

維持点検の管理値および許容値は示されているか

免震層へ至る配管類の経路は確保されているか（確保されない悪い例）

＊関連事項：2.3項（1）設計クリアランスの設定、（2）最小クリアランスの設定。

3.2 作業者への教育

> ☐ 免震建物の施工上の注意点やその重要性を工事関係者に周知したか
> ☐ 設備業者やその協力業者にクリアランスの意味と必要性を周知したか
> ☐ 設備業者には可撓継手の配置とその必要性を周知したか
> ☐ 電気等の配線業者には余長の確保とその必要性を周知したか

「解　説」

　建物の施工時に設計者と施工者は、予め工事前や工事途中に緻密な調整を行いながら進められると思います。しかし施工管理者が「建築免震部施工管理技術者」であっても、実際に施工する専門工事業者に免震建物の施工上の注意点が周知徹底されていない場合、不具合の見逃しや手戻りが生じる可能性があります。

　特に設備配管や電気配線を免震層内の外周クリアランス部に安易に敷設しないように、専門業者に周知徹底する必要があります。このため工事を始める前にはこれらの点について十分な周知を行い、二次下請け含む施工業者にクリアランスの重要性を理解してもらうことが大切です。

　また上部構造と下部構造に跨る配管や配線工事は、専門工事業者が可撓継手や余長の必要性と重要性を認識するようにして下さい。

3.3　部材取付け部の検討

(1)　部材取付け部の防錆対策

> ☐　免震部材を基礎や躯体への取り付ける場合、接触面の鋼材部（ベースプレート等）塗装仕様は設計図書に従った仕様としたか
>
> ☐　鋼材部への塗装仕様は、免震層の環境に適合していることを確認したか

「解　説」

　雨水の侵入や結露などで湿潤状態となることが予想される免震層では、免震部材を取り付ける鋼材部の塗装は、その免震層の環境に適した塗料や塗装方法とすることが大切です。

　また免震部材の取付け鋼材部との摩擦を期待した設計では、接触面は塗装を省略する場合もありますが、摩擦を期待しない設計では塗装を行うことが一般的です。

　接触面に塗装がない場合は、施工時に雨ざらし状態が続くと錆の発生や錆汁の流出が生じることがあるため、雨に対する養生やシールなどの対策を講じることも大切です。

＜問題事例＞
1)　湿潤な免震層内で、免震部材の塗装面に発錆が見られた。
2)　免震部材と基礎との接触面から錆汁が漏出し美観を損ねていた。
3)　取付け鋼材の錆が免震部材の塗装部へ流出し、免震部材に塗装の浮きが発生した。

＜推奨事例＞
1)　免震部材と基礎との接触面端部やボルト周りをシールで保護する。

(2) 免震部材の交換

□　免震部材の交換方法を計画したか

「解　説」

　　免震部材の交換頻度は極めて少ないが、大規模・広範囲の震災となった場合は、部材の交換が必要となる場合も想定されます。したがって免震部材の交換方法(建物荷重の受け替え、部材の引き出しと引き込み、部材の搬出入経路、重機の配置など）の手順と対策を予め計画しておく必要があります。

＜問題事例＞
1)　基礎や躯体側にアンカーボルトが埋め込まれて、免震部材にナットで固定される構造となっていたため、免震部材を引き出すために建物全体をアンカーボルト突出高さ以上に持ち上げることとなった。
2)　残留変形が残っていたため、アンカーボルトが抜けなかた。交換用免震部材のボルト穴とアンカーの位置を合わせるために多くの工数を費やした。

3.4　耐火被覆工事

□　耐火被覆工事の前に免震部材の竣工時検査（点検）を行う計画としたか

「解　説」

　　免震部材に耐火被覆を施す計画の場合には、耐火被覆工事の前に竣工時検査を実施しないと、設置後では免震部材の計測ができなくなり、工事の手戻りが発生します。しかも耐火被覆の施工は専門の製造会社が行うため、余分な費用が発生する場合もあります。耐火被覆工事前は厳密には竣工時ではありませんが、協会発行の「免震建物維持管理基準」では、耐火被覆工事前の免震部材の点検を竣工時検査と位置付けて行うことを推奨しています。またこの時の点検結果は竣工時検査時に検査結果として報告書にまとめるため、大切に保管することが重要です。

＜問題事例＞
1)　竣工時検査を実施しようとしたが、全ての積層ゴム支承に耐火被覆が設置されており、積層ゴム支承の竣工時検査ができなかった

3.5　竣工時検査の計画

□　免震層や建物外周等の竣工時検査費用は予算化したか

□　竣工時検査は「免震建物点検技術者」または「製造者」によって実施する計画としたか

□　竣工時検査報告書を保管する体制やシステムを明確にしたか

「解　説」

　免震建物の維持点検における竣工時検査は、施工者の責任において実施することとなっていますが、見積に計上していなかったため実施しないケースも見受けられます。

　竣工時検査は免震層の免震部材の取り付けや、配管・配線のクリアランスなどが適切かを確認するだけではなく、その後の免震部材の形状変化やクリアランスと残留変位の変化を計測するための基準値となります。

免震建物点検技術者

　竣工時検査を行う場合はこれら資格を有する「免震建物点検技術者」に依頼するか、または特殊な部材を用いている場合はその製造者に依頼することを推奨します。協会では点検などに専門的な知識を有する技術者の資格として「免震建物点検技術者」の認定を行っています。

　またこれらの竣工時検査の結果は、前述のようにその後の変化の基準値となることから、免震部材の変形方向に±の符号を付記した記録が残されていない場合、点検結果の比較に支障が生じることがあります。維持点検の項目や計測方法、記録方法などは協会発行の維持管理基準に詳細が記されていますので、参照しておくことを推奨します。

　さらにこれらの検査結果は、建物が供用期間中は適切に保管される必要があります。特に竣工後 10 年を超えると以後 10 年毎の点検となるため、この報告書を保管するのが建物所有者・管理者のどの部署（またはどの担当者）なのかを明確にし、書類の散逸を防ぐ工夫が重要です。この保管責任が曖昧な場合は、長い年月を経て散逸するケースもあることから、報告書が適切に保管される体制やシステムについて、建物所有者・管理者内で協議してもらうことが重要です。

＜問題事例＞

1) 竣工時検査費用が予算化されていないため、無資格の現場職員がコンベックスなどの粗い精度で、免震部材の高さや水平変位を計測していた。
2) 建物所有者・管理者が変わって、点検を実施しようとしたら竣工時検査報告書が紛失しており、竣工時からの変化が検証できなかった。

＜推奨事例＞

1) 設計図書に、「免震建物点検技術者」または「製造者」による竣工時検査を実施する」旨を明記する。
2) 竣工時点で隠れてしまう部位については、施工の各段階で中間検査を実施する。
3) 維持点検報告書の保管は建物所有者・管理者の役割であることを報告書の表紙に明示する。

3.6 その他

□ 工事中における設計変更等については、設計者と書面で確認したか
□ 製品検査記録は保管したか
□ 免震支承基礎に柱の通り符号と方位を表示したか
□ 免震部材の塗装色を変える等、判別しやすい方法を検討したか
□ 施工途中段階での点検実施について検討したか

「解　説」

　工事において、詳細な納まりなど工事中の軽微な設計変更の際に、免震機能に対する検討が不足している場合があります。免震建物は安易に構造体や免震機能に関する安全対策の変更はできません。

　竣工時には、製品検査報告書などの免震部材の製造に関わる検査記録を一式保管することとなります。維持管理における点検では使用しませんが、免震部材に不具合が発見された場合、製造に遡り検証するために必要となります。

　免震部材や耐火被覆を施した部材は、抜取りで点検を行う場合もあり、点検を行った部材の位置を特定しておく必要があります。しかし建物の規模が大きくなると、点検技術者が自らの位置を特定することも困難になる場合があります。したがって、点検位置を特定するために免震部材に柱梁番号や通り番号を記載するなどの事前対策を行っておくと、その後の点検を効率的に進めることができます。

　積層ゴム支承のように複数の製造会社が混在している場合、形状や色が非常に似ているため、どの製造会社か特定しにくい場合があります。このような場合には鋼材部の塗装色を変えるなどをしておくと、その後の点検時の効率化とミスの防止に役立ちます。

　施工の中間段階で検査を行っておくと、竣工時検査で指摘事項が少なく済み、工事の手戻りがなくなります。特に設備機器の配管や配線の配置、クリアランスの詳細な納まりは複雑な部分が多いため、中間段階での確認を推奨します。中間段階での検査を行わないと、竣工検査で多くの指摘事項が発生し、時には指摘事項の是正が困難になることもあります。

＜問題事例＞

1) 現場の判断で擁壁の一部にふかし（増し打ち）を設けたために、擁壁とのクリアランスが確保できずふかしを一部解体した。

４．維持点検の実施時（免震建物点検技術者）

4.1 事前確認

☐　検査点検記録が保管されていることを確認したか

☐　設計図書や維持点検要領書のクリアランス基準値と許容値を確認したか

☐　使用されている免震部材の種類、基数、設置位置は確認したか

☐　特別高圧ケーブルの位置は確認したか

☐　免震部材交換時の搬出経路は確認したか

☐　損傷許容部位とその位置は確認したか

☐　免震層内の状況を事前に確認したか（照明、電源、湿潤環境等）

「解　説」

　維持点検のうち特に竣工時検査（点検）を行う場合には、施工者または設計者と事前に打ち合わせることが重要です。打ち合わせに当たっては設計図書に記載されている検査指示書を確認し、設計者が意図している検査項目、検査内容を確認するとともに、特にクリアランスについては管理値と許容値（もしくは最小クリアランス）を確認することが大切です。また使用されている免震部材の種類、配置、基数、設置位置（柱符号など）、耐火被覆の有無、損傷許容部分があるかなども確認し、その位置や種類などを事前に検査チェックシートに記載して、検査に漏れがないように確認します。

　竣工時検査以外の定期点検では、それ以前の点検記録が保管されているかを確認し、今回の点検結果と比較することが大切です。

　点検前には実際に免震層に入り、点検者にとって危険となる高圧ケーブルの位置や免震層内の照明、電源、さらに免震層内の環境も事前に確認しておくことも大切です。このようにすることで、安全にかつ効率的に点検業務を進めることができます。

4.2 点検時の留意事項

☐　柱の通り符号が免震部材基礎に表示されていることを確認したか

☐　事前に確認したチェックシートと柱の通り符号が一致していることを確認したか

☐　点検を実施した部位や位置を特定できるように目印を付けたか

☐　免震部材の変形方向が分かるように±の符号と変形量を記録したか

「解　説」

　点検を効率的に行うためには事前にチェックシートを作成しておきますが、チェックシートと柱の通り符号などが合っているかの確認が大切です。また設置されている部材の種類、型番なども確認しておきます。

　竣工時検査は、その後の維持点検の基準値を得るための重要な検査です。この時の記録は、地震後の建物の残留変位や免震部材の経年変形などの追跡を行うのに重要な情報となります。地震後に部材の変形方向が変わる可能性もあるため、計測時には部材がどの方向に変形した

か±等の符号を付けて方向が分かるように記録しておくことが大切です。また計測起点位置が点検時期によって変わってしまうと、正確な変化を把握することができなくなります。特に積層ゴム支承の高さを計測する場合には、ノギスやマイクロメーターを設置した点に目印をしておかないと、誤差や問題を誘発する結果にもなります。

4.3 点検時の安全対策

☐　点検作業者に危険な部分や安全確保の仕方について教育したか

☐　点検作業者が免震層内に入る前に酸素濃度や異臭等を確認したか

☐　作業者には作業服、ヘルメット、防塵マスク、防塵メガネ、安全靴等を着用させたか

☐　第三者に対する安全対策を講じているか

「解　説」

　　実際の点検を開始する時は、作業者の安全を確保することが重要となります。免震層に入る前に免震層が酸欠状態にないか、もしくは異臭が発生していないかを確認します。

　　点検作業に危険を及ぼす要素として下記が挙げられます。点検作業者には、危険な項目を周知してよく認識させることが大切です。

1)　電力ケーブル

特別高圧ケーブルは、絶縁性能が低下すると所定の距離以内でも感電事故が発生する危険もあり、免震層内に水溜りなどがあるとさらに危険が増します。

2)　医療用配管

病院や研究所などでは、医療用配管が存在する場合があります。点検技術者では危険性が判断できないものもあり、事前に調査して確認することが必要です。

3)　作業時の安全確保

免震層は、転落の危険がある開口や段差、施工時の残渣がある危険な場所です。免震層に入る場合は作業服、ヘルメット、防塵マスク、安全靴などの自身の身を守る装備を着用する必要があります。また、一人作業は絶対に避けなければなりません。

4)　免震層の環境確認

密閉度が高い免震層の場合、微量のガス漏れでも滞留や酸欠状態を引き起こします。したがって免震層に入る前には、出入口を開放し、場合により送風機で強制換気を行うことも必要です。危険物を扱う建物の場合には、検知器などで安全確認を行うことが必要です。

5)　免震層の照明

免震層に照明やコンセントも設置されていない場合があります。この場合は上階のコンセントから電源を借りるか、長時間持つ電池式照明装置を持ち込む必要があります。いずれにせよ危険防止の観点から、照明なしで免震層に入ることは避ける必要があります。なお、一人作業は絶対に避けなければなりません。

6) 免震層点検口の危険表示

　点検においては床にある点検口から免震層内に入る場合が想定されます。この場合は作業者が点検口を出入りすることから、点検口が長時間開口のままとなることがあるため、第三者や子供が点検口に誤って落下することが無いように、安全柵や点検中の表示を行います。

5．チェックシート

5.1 建築主への告知事項の確認（設計者）

5.1.1 建物供用期間中の遵守事項の告知

☐ 免震建物の特徴（免震部材の種類、地震時の挙動、免震機能を維持するための保守方法等）を建築主に説明したか

☐ 免震層内外のクリアランス部に備品、機材、工作物を設置してはいけないことを告知したか

☐ 供用期間中に免震機能を妨げる増改築をしてはいけないことを告知したか（やむを得ず行う場合は設計者に相談することを推奨）

☐ 建物可動範囲内の安全措置を改変してはいけないことを告知したか

☐ 建物利用者が容易に免震層に立ち入らない対策が必要なことを告知したか

☐ 建物所有者が変わる場合に、免震建物の安全に係る事項を引き継ぐことが必要であることを告知したか

☐ 建物の維持点検記録を保管しておくことが重要であることを告知したか

5.1.2 重要事項の告知

☐ 損傷許容を前提に設計されている部分を告知したか

☐ 地震後に残留変位が生じることと、その対応について事前に告知したか

5.2 建物計画時の確認項目（設計者）

5.2.1 免震建物の表示

☐ 建物に"免震建物である"ことを表示したか

5.2.2 免震層の計画

☐ 免震層へのアクセス（出入口）は確保したか

☐ 免震部材を交換する場合の交換手順、経路、搬出入口は検討したか

☐ 損傷許容を前提に設計されている配管類は、設計図書に明記したか

☐ 免震層の照明や換気の計画は検討したか

5.2.3 クリアランス計画

(1) 設計クリアランスの設定

☐ 設計クリアランスには地震時の変位に加え、クリアランスに影響する要因を考慮したか

☐ 意匠設計者、構造設計者および設備設計者間での調整を行ったか

☐ 設計クリアランスは隣地境界までの距離を超えていないか

☐ クリアランスには、意匠（仕上げ厚さ、装飾物等）についても考慮したか

(2) 最小クリアランスの設定

☐ 維持点検時の指標となるクリアランス値を管理値（最小値または許容差を含んだ基準値）として示したか

5.2.4 配管・配線計画

(1) 配管計画

☐ 免震層内の外周部クリアランス部に配置する配管は、構造躯体とのクリアランスを確認したか

☐ 上部構造躯体に取り付ける配管と、基礎側（下部構造躯体）に取り付ける配管同士のクリアランスを確認したか

☐ 可撓継手の位置は明確にしたか

(2) 配線計画

☐ ケーブルラックと躯体間のクリアランスは確保したか

☐ ケーブルラック同士のクリアランスは確保したか

☐ 太径の幹線ケーブルと躯体間のクリアランスは確保したか

☐ 配線の余長はクリアランス以上を確保したか

☐ 特別高圧ケーブルには危険表示をしたか

(3) その他の設備計画

☐ アース線または避雷導体は免震部材を経由しない経路を確保したか

☐ アース線または避雷導体はクリアランス以上の余長を確保したか

5.2.5 損傷許容部位の設計

☐ 損傷を許容している部位は、建物の安全性や機能上に支障のないことを確認したか

☐ 損傷許容部位は、設計図書および完成図書に明記したか

5.2.6 第三者に対する安全の確認

☐ 関係者以外が免震層へ立ち入ることによる事故防止対策は計画したか

☐ 地震時に上部構造躯体の水平移動による第三者への事故防止対策は計画したか

5.2.7 残留変位への対応

☐ 大地震や中小地震後の残留変位による建物への影響は把握したか

☐ 設計で許容した残留変位以上が残った場合、その対応策は計画したか

☐ けがき計の設置有無について関係者と協議したか

5.3 建物施工計画時の確認項目（施工者）

5.3.1　施工時のクリアランス確認
□　設計図書の設計クリアランスまたは最小クリアランスを確認したか

□　設計クリアランスには、構造躯体の温度伸縮やコンクリートの乾燥収縮、施工誤差が含まれているか確認したか

□　設計者に施工誤差について確認したか

□　施工誤差が発生しても、設計クリアランスが確保できるように計画したか

5.3.2　作業者への教育
□　免震建物の施工上の注意点やその重要性を工事関係者に周知したか

□　設備業者やその協力業者にクリアランスの意味と必要性を周知したか

□　設備業者には可撓継手の配置とその必要性を周知したか

□　電気等の配線業者には余長の確保とその必要性を周知したか

5.3.3　部材取付け部の検討
（1）部材取付け部の防錆
□　免震部材を基礎や躯体への取り付ける場合、接触面の鋼材部（ベースプレート等）塗装仕様は設計図書に従った仕様としたか

□　鋼材部への塗装仕様は、免震層の環境に適合していることを確認したか

（2）部材取付け方法
□　免震部材の交換方法を計画したか

5.3.4　耐火被覆工事
□　耐火被覆工事の前に免震部材の竣工時検査（点検）を行う計画としたか

5.3.5　竣工時検査の計画
□　免震層や建物外周等の竣工時検査費用は予算化したか

□　竣工時検査は「免震建物点検技術者」または「製造者」によって実施する計画としたか

□　竣工時検査報告書を保管する体制やシステムを明確にしたか

5.3.6　その他
□　工事中における設計変更等については、設計者と書面で確認したか

□　製品検査記録は保管したか

□　免震支承基礎に柱の通り符号と方位を表示したか

□　免震部材の塗装色を変える等、判別しやすい方法を検討したか

□　施工途中段階での点検実施について検討したか

5.4 維持点検時実施時の確認項目（免震建物点検技術者）

5.4.1 事前確認
☐ 検査点検記録が保管されていることを確認したか
☐ 設計図書や維持点検要領書のクリアランス基準値と許容値を確認したか
☐ 使用されている免震部材の種類、基数、設置位置は確認したか
☐ 特別高圧ケーブルの位置は確認したか
☐ 免震部材交換時の搬出経路は確認したか
☐ 損傷許容部位とその位置は確認したか
☐ 免震層内の状況を事前に確認したか（照明、電源、湿潤環境等）

5.4.2 点検時の留意事項
☐ 柱の通り符号が免震部材基礎に表示されていることを確認したか
☐ 事前に確認したチェックシートと柱の通り符号が一致していることを確認したか
☐ 点検を実施した部位や位置を特定できるように目印を付けたか
☐ 免震部材の変形方向が分かるように±の符号と変形量を記録したか

5.4.3 点検時の安全対策
☐ 点検作業者に危険な部分や安全確保の仕方について教育したか
☐ 点検作業者が免震層内に入る前に酸素濃度や異臭等を確認したか
☐ 作業者には作業服、ヘルメット、防塵マスク、防塵メガネ、安全靴等を着用させたか
☐ 第三者に対する安全対策を講じているか

免震建物点検技術者の役割

JSSI

The Japan Society of Seismic Isolation

一般社団法人日本免震構造協会

目　　　次

付（報告書参考例）

　㈱日本免震構造本社ビル
　免震建物第5年次　定期点検結果報告書
　　　　　　　　　　付属書

1. 免震建物点検技術者の役割

　「免震建物点検技術者」（以下、点検技術者）とは、免震建物の構造と原理、地震時の挙動、用いる部材（装置）や設備の特性を熟知し、さらに免震機能を維持するために必要な要件の維持保全（点検）について、適切に点検業務を遂行できる専門技術者として、（一社）日本免震構造協会（以下、協会）が認めたものである。

　点検技術者の役割は主に、免震建物の維持管理および点検に関して、発注者に適切な助言を行い、維持点検業務（以下、点検業務）に関する全体的な計画立案から報告書の作成ならびにこれらの結果報告を適切に行うことにある。

　ただし、点検結果の報告は発注者に対して行うが、発注者は必ずしも免震建物や部材について十分な知識を有していない場合もあるため、点検結果に不具合が認められた場合は、設計者または施工者へ相談することを具申することも必要である。このような場合、点検技術者は公正な第三者として点検結果に対する中立性を確保し、忖度や予断、推測を持たないことが重要である。

以下に点検技術者の主な役割を示す。

1) 発注者に対する維持管理および点検業務についての適切な助言
2) 点検業務に関する計画の立案と費用の積算
3) 点検現場への立会と作業者への適切な指導および安全管理
4) 点検結果の精査および不具合点の指摘
5) 点検結果報告書の作成
6) 発注者に対する報告（特に不具合点についての説明）

ここでは、点検技術者の役割ついての解説を行う。

1.1 維持管理計画と点検業務の計画立案

　維持管理点検業務には「維持管理の計画」と「点検業務の計画」がある。維持管理の計画とは、免震建物の共用期間中における維持点検業務の実施計画を示すもので、協会の「免震建物の維持管理基準」に定められている、竣工時検査（点検）、通常点検、定期点検、応急点検、詳細点検などがある。

　一般的には免震建物の設計段階で設計者が定めているが、長期間に及ぶ実施段階では建物所有者が変わっていることや、地震または火災後（免震層）などに、応急点検が必要なことを失念してしまう場合も考えられる。このような場合は点検会社（点検技術者の役割）が連絡することも必要となる。

　点検業務の計画とは、実際の点検を行う場合に正確かつ効率的に実施するための詳細な計画を立てることである。この計画の中には点検技術者の役割として、発注者との詳細調整（時期、費用、点検項目、点検基準、点検結果報告書の作成と報告等）や点検時の作業者と建物居住者ならびに来訪者の安全確保なども含まれる。このように点検技術者の役割は広範囲に及ぶため、多くの知識と経験が必要となる。以下に維持管理基準に示されている点検の種類と頻度を示すが、これらの検査と点検はそれぞれ長期にわたる免震機能を維持するために必要であるが、特に竣工時検査と定期点検は建物の初期状態を特定する意味と、経年時の変化を知る意味で重要である。

① 竣工時検査（点検）

竣工時検査（点検）とは、免震機能に必要な免震部材の初期状態を把握するもので、特に経年を経た状態でどのように変化したかを判定する上で重要な位置づけにある。

② 通常点検（毎年）

通常点検とは、異常や不具合の早期発見を目的として、目視を中心とした点検を毎年実施するもので、定期点検では手遅れとなる不具合の発見につながる大切な点検である。

③ 定期点検（竣工後5年、10年、以後10年毎）

定期点検とは、目視・計測を主体とする点検を実施するものであるが、点検頻度の間隔が長いため、この点検結果における変化は、次回の定期点検までの損傷または劣化状況を予測判断するうえで重要な点検である。

④ 応急点検

応急点検とは、地震や強風あるいは水害または火災の影響が免震層に及んだ場合に、被災直後に目視を中心とした点検を実施するものである。また、免震層への影響が明らかな場合は、応急点検に代えて詳細点検を実施することもある。なお大地震後などでは余震が発生することも多く、点検中に建物が大きく動く可能性もあるので、狭い場所等危険部分には近づかないようにすることが大切。

⑤ 詳細点検

詳細点検とは、目視点検が主体の通常点検や応急点検で異常が認められた場合、その原因把握と対応を検討するために、計測を含めた点検を実施するものである。なお、本点検は別途発注者の指示に基づいて行うものである。

⑥ 更新工事後点検

更新工事後点検とは、建物引き渡し後に免震層内ならびに建物外周部で免震機能に影響がある工事の完了後に実施するものである。なお、工事完了時に上記の定期点検を前倒し、併せて実施することもできる。

1.2 点検業務の計画

点検技術者が点検業務の計画を立案するには、準備段階、実施段階、報告段階と大きく三つの段階に分けて計画を立てるとよい。

(1) 準備段階

準備段階とは、点検技術者が計画を立案するために必要な情報（建物構造、部材の種類と数量、準拠基準、図面等）を収集し、さらに建物現場において免震層の環境や免震部材の設置状況、特殊治具の要否、安全対策、駐車場の有無など、実際に点検を行う際に準備が必要な情報を確認することである。

準拠基準については、一般的に協会の「免震建物維持管理基準」に準ずることが多いが、時には設計者が別途点検項目や管理値を設定している場合もある。これらは設計図書に記載されているので、発注者に確認するかあるいは設計図書の維持管理項目を確認する必要がある。既に竣工時検査や定期点検などが実施されている場合は、その報告書に記載されている項目や管理値も確認することが大切。

また建物の用途によっては、特殊な建物構造（中間層免震、柱頭免震、耐火構造等）や免震部材さらに特殊な設備配管、配線などが施されている場合もある。これらは設計図書に記載されているが、設計図書だけでは実際の状況が判断できない場合が多い。したがって、実際の免震層内を確認して計画を策定することが重要。主な現場での確認事項は次の通り。

① 部材の点検作業が可能か（計測器具などが使用できるか）
② 点検作業のために特殊な治具や設備（脚立、足場、移動治具等）が必要か
③ 点検に必要な電源、照明などがあるか
④ 点検設備もしくは治具等を搬出入できる出入り口が確保できるか
⑤ 作業者の安全が確保できるか（特殊な高圧ケーブ、特殊ガス管等）
⑥ 居住者もしくは来訪者への安全確保はどのようにするか

　点検業務の内容と範囲についても準備段階で確認しておくことが大切。一般的な点検業務の内容は免震建物の維持管理基準に示されているが、建物の構造や特殊なケースとして設計者が別途指定している項目もあるため、点検の計画を立案する際には確認する必要がある。以下に免震建物の維持管理基準に示されている点検範囲を示す。

① 免震部材
　　各種支承（積層ゴム、すべり、転がり等）、各種ダンパー（履歴、流体等）
② 設備配管
　　可撓継手、配管周辺クリアランス
③ 電気設備
　　配線変位吸収部（余長）、避雷設備（避雷針、アース）
④ 免震層
　　免震層内クリアランス、使用状況および免震層環境状況
⑤ 免震建物周辺部
　　免震エキスパンションジョイント（可動状況、損傷・劣化）
⑥ 耐火被覆
　　被覆材の外観（はずれ、めくれ、ボルトの緩み、損傷、ずれ量、隙間）
⑦ その他
　　免震部材取り付け躯体（上下基礎等）、免震建物の表示、別置き試験体、建物変位計測（下げ振り、けがき式変位計）、その他の不具合

　上記点検範囲の内⑥については、建物構造が中間層免震構造か地下免震層を駐車場などに利用している場合で、その部分を耐火構造として設計されているものである。積層ゴム支承などの免震部材は基本的に火災時に燃焼するかまたは熱変形が起こるため、それを防ぐために耐火被覆が施されている場合である。耐火被覆が施されている場合は、内部の免震部材は直接確認することができず、高さや水平変位も計測することはできない。しかし、維持管理基準では耐火被覆材の外観や損傷度、さらには耐火被覆材のずれ、隙間を計測することで内部の免震部材の状態をある程度把握できるものとしている。ただし特記仕様書で耐火被覆内の免震部材も抜取りで計測することが求められている場合は、耐火被覆を取

外すことが必要となる。このような場合
には、基本的に耐火被覆の取外しと取付
け作業を耐火被覆製造者に依頼すること
になる。点検業者が実施する場合は、そ
の後の耐火被覆の性能保証が受けられな
くなる可能性もあるため耐火被覆製造者
に確認することが大切である。

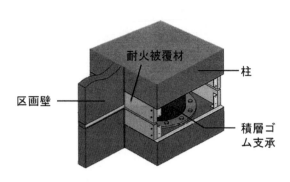

耐火被覆構造の一例（御免火）

　⑦のその他については、建物に設置さ
れているものとないものがある。例えば
けがき式変位計や下げ振り、別置き試験体などがこれに相当する。けがき式変位計や下げ
振りが設置されている場合は、維持管理基準に示されている設置位置の確認と移動量の計
測を行い、さらにけがき式変位計では変位記録部の動作状況を確認する。別置き試験体が
設置されている場合は、比較的小さいサイズの試験体でかつ加力治具（加圧力が確認でき
るもの）が組み込まれているものについてはその荷重（または圧力）を確認する。もし定
期点検で別置き試験体の性能確認試験が計画されている場合は、別途発注者（または建設
会社もしくは設計者）と別置き試験体製作製造者において、一連の作業（解体・組立、搬
出・搬入、運搬、試験）を計画してもらうことが大切である。

　このように準備段階ではいろいろな要素によって点検業務の内容が変わってくるため、
点検技術者は各種情報を精査するとともに実際の点検作業をイメージしながら視察と実施
計画を策定することが大切である。またこのような情報は点検業務の費用とスケジュール
調整の関連が大きいため、点検技術者は注意することが必要となる。

（2）実施段階

　実施段階とは、準備段階で得た情報をより具体化し、必要な人員の手配、治工具の準備、
安全対策器具の準備、さらに点検実施日の調整や、事前計画の掲示などの準備を行う。さ
らに実際の作業当日には、作業者への安全教育、居住者に対する安全対策の確認、免震層
内の安全確認など行う。

　点検の実施に当たっては、作業や計測がスムーズにできるように事前に準備しておくこ
とが大切である。例えば建物1階周辺部や免震層内の部材、配管・配線その他の設備など
の位置が特定できる伏せ図や立面図を入手し、部材の位置や計測位置が特定できるように
柱通り番号を付記し、また部材の高さや、上下クリアランスおよび水平クリアランスを計
測するための基準位置をマーキングしておくなどは、今後の免震建物の変化を見るうえで
重要である。一般的に竣工検査時に実施する場合が多いが、これがない場合は事前にこれ
らを計画する必要がる。

　また、点検時には事前に点検位置、計測項目、管理値（特にクリアランス管理値等）が
記載された記録用紙（チェックシート）を準備し、計測の誤りか異常値なのかが判別でき
るようにするとよい。またこれを準備することで計測忘れによる手戻りを少なくすること
もできる。さらに点検技術者は、計画通りに点検が遂行されているか、免震建物の点検項
目に不具合個所がないかなど、全体を注視しながら進めなければならない。

(3) 報告段階

報告段階は実施段階で得られた計測結果や不具合点を精査して、報告書を作成し、発注者へ報告することである。

報告書の作成は別途添付している書式例を参考としてもよいが、必要な項目が記載できていればこれでなくてもよい。報告書の作成の留意事項については「2. 報告書の作成」項に記載されているのでこれを参照されたい。

1.3 点検費用の積算

点検に必要な費用は、点検部材の個数に応じた人件費および機器の損料、交通宿泊費、技術料および報告書作成費用と経費などから構成されるが、免震層内の環境や構造の状況によっては想定外の費用が発生する場合もあり、事前調査を行って下記の確認を行うことが必要である。

① 点検可能な日時と時間（点検時間が休日や深夜に限定されていないか）
② 点検場所及び交通手段
③ 点検作業環境
    滞留水の有無、免震装置の設置高さ、照明或いは電源コンセントの有無、作業の難易度と足場の必要性、免震装置の耐火被覆の有無、その他
④ 準拠する基準の年版
⑤ 特別な点検項目の有無（特記事項、不等沈下計測、その他各種測量等）
⑥ 点検項目と点検数量
⑦ 特別な治工具（足場等）が必要な場合の組立、解体の有無
⑧ 別置き試験体の有無
⑨ 報告書の書式（発注者指定書式等）

1.4 点検の実施と安全確保

点検を実施する際にはまず作業者の安全確保と建物居住者、来訪者の安全確保を優先し、その上で点検作業が効率的にかつ正確に行えるようにすることが重要である。安全確認については主に次のことについて遵守する。

(1) 作業者への安全確保

点検技術者は労働安全に関する各種法令を遵守するとともに、点検時に点検作業者に対する安全確保のために次のことを行う。

1)作業者に対して作業時の安全確保のために教育を行う
2)作業服、ヘルメット、防塵マスク、防塵メガネ、安全靴、場合によっては安全帯の着用を義務付ける。
3)点検作業者に危険な部分についての通知を行う(特別高電圧ケーブル、医療用の配管、釜場等)
4)免震層入室前に、免震層の酸欠や異臭等の確認を行う
5)各種生産施設、研究所、病院等では、免震層内の排水溝に有毒な廃液等が流れている可能性もあり、事前に施設管理者に確認を行う。
6)一人作業は厳禁とし、携帯電話などの通信手段を確保する

7)作業直前に安全確認の通知とチェックを行い作業者のサインなどの記録を残す

（2）建物居住者および来訪者に対する安全確保

　作業を実施する前には、建物の掲示板などに作業の計画を掲示し、居住者に作業が始まることを告知する。また作業を行う際に床にある点検口から入る場合は、作業中に点検口が解放されたままになる場合も想定されるため、居住者の幼児が誤って転落しないようにカラーコーンや柵で落下防止策を講じるか、もしくは警備員などを配置することも必要となる。

　また、点検に際して機材を搬入する必要などがある場合には、機材運搬車の駐車場確保や機材の横持および機材の吊り下げ用足場などで、障害が発生しないように注意する必要がある。

　このように、点検技術者に求められている役割は多岐にわたっており、その役目は重要である。図 1.1 に点検技術者が検討すべき業務実施フローを示した。このフローは一般的な基礎免震構造で、耐火被覆が施されておらずかつ別置き試験体がない建物を想定したものである。もちろん建物構造や設計者の考え方によっては、ここで示した以外の状況もある。例えば配線用のラックや、エキスパンションジョイントなどは地震時に損傷許容部分として設計されている場合もあるため、このような部分はクリアランスが基準に満たない場合もある。さらに耐火被覆や別置き試験体がある場合は別途計画時に組込むか、または別途計画を立案する必要がある。点検技術者は発注者とよく相談し、時には設計者に直接確認する場合もあると思われる（ただし、発注者の許諾を得ることが必要）。

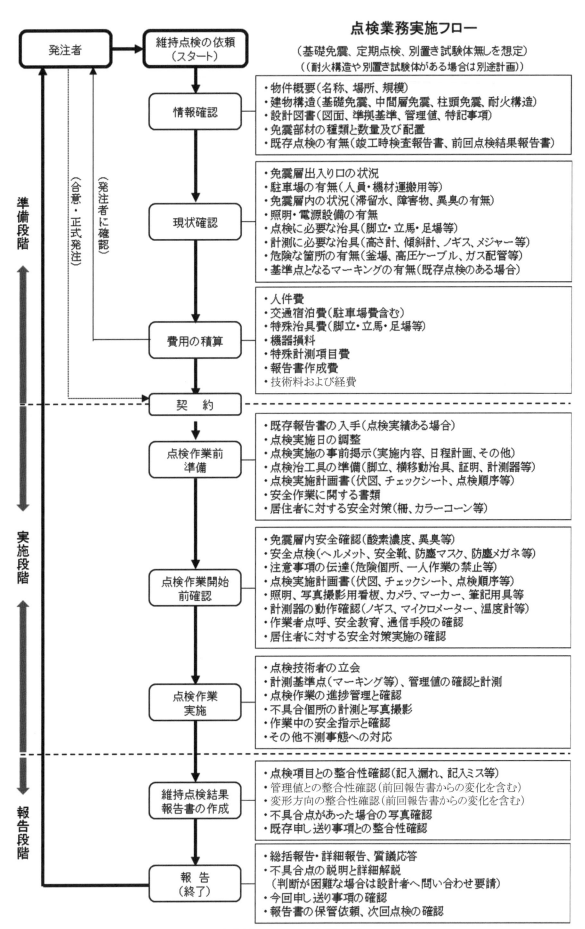

点検業務実施フロー

（基礎免震、定期点検、別置き試験体無しを想定）
（（耐火構造や別置き試験体がある場合は別途計画））

発注者 → 維持点検の依頼（スタート）

情報確認
- 物件概要（名称、場所、規模）
- 建物構造（基礎免震、中間層免震、柱頭免震、耐火構造）
- 設計図書（図面、準拠基準、管理値、特記事項）
- 免震部材の種類と数量及び配置
- 既存点検の有無（竣工時検査報告書、前回点検結果報告書）

現状確認
- 免震層出入り口の状況
- 駐車場の有無（人員・機材運搬用等）
- 免震層内の状況（滞留水、障害物、異臭の有無）
- 照明・電源設備の有無
- 点検に必要な治具（脚立・立馬・足場等）
- 計測に必要な治具（高さ計、傾斜計、ノギス、メジャー等）
- 危険な箇所の有無（釜場、高圧ケーブル、ガス配管等）
- 基準点となるマーキングの有無（既存点検のある場合）

費用の積算
- 人件費
- 交通宿泊費（駐車場費含む）
- 特殊治具費（脚立・立馬・足場等）
- 機器損料
- 特殊計測項目費
- 報告書作成費
- 技術料および経費

契約

点検作業前準備
- 既存報告書の入手（点検実績ある場合）
- 点検実施日の調整
- 点検実施の事前掲示（実施内容、日程計画、その他）
- 点検治工具の準備（脚立、横移動治具、証明、計測器等）
- 点検実施計画書（伏図、チェックシート、点検順序等）
- 安全作業に関する書類
- 居住者に対する安全対策（柵、カラーコーン等）

点検作業開始前確認
- 免震層内安全確認（酸素濃度、異臭等）
- 安全点検（ヘルメット、安全靴、防塵マスク、防塵メガネ等）
- 注意事項の伝達（危険個所、一人作業の禁止等）
- 点検実施計画書（伏図、チェックシート、点検順序等）
- 照明、写真撮影用看板、カメラ、マーカー、筆記用具等
- 計測器の動作確認（ノギス、マイクロメーター、温度計等）
- 作業者点呼、安全教育、通信手段の確認
- 居住者に対する安全対策実施の確認

点検作業実施
- 点検技術者の立会
- 計測基準点（マーキング等）、管理値の確認と計測
- 点検作業の進捗管理と確認
- 不具合個所の計測と写真撮影
- 作業中の安全指示と確認
- その他不測事態への対応

維持点検結果報告書の作成
- 点検項目との整合性確認（記入漏れ、記入ミス等）
- 管理値との整合性確認（前回報告書からの変化を含む）
- 変形方向の整合性確認（前回報告書からの変化を含む）
- 不具合点があった場合の写真確認
- 既存申し送り事項との整合性確認

報告（終了）
- 総括報告・詳細報告、質議応答
- 不具合点の説明と詳細解説（判断が困難な場合は設計者へ問い合わせ要請）
- 今回申し送り事項の確認
- 報告書の保管依頼、次回点検の確認

準備段階 ・ 実施段階 ・ 報告段階

（合意・正式発注） （発注者に確認）

図 1.1 維持点検における点検業務フロー

２．維持点検結果報告書の作成

　維持点検結果報告書（以下、点検結果報告書）は、当該免震建物の免震性能が正常に機能するかを判定するものであるが、同時に免震部材の経年変化を確認することで、将来の不測事態に備えることも可能である。したがって、点検結果報告書には現状の状態と経年による変化が分かるように記載することが大切で、さらに建物所有者もしくは管理者が免震建物の状態を分かりやすく明解に理解できるように記載することが求められる。そのため、添付している点検結果報告書を参考にしてほしい。もちろん建物の用途や設計者の意図によって建物の点検項目、管理値などが異なることもあるため、ここでは報告書作成時の留意事項について解説する。

2.1 報告書作成時の留意事項

　維持点検結果報告書は点検技術者が作成するかまたは作成された内容を責任もって確認することが大切です。以下に報告書作成時の留意点を示す。

(1)　準拠する基準は、協会の「免震建物の維持管理基準」を推奨するが、設計図書や別途設計者が指定している場合はこれに従う。また、記述がない場合には発注者もしくは発注者の許可を得て設計者に準拠基準や、点検項目、管理値を確認する。

(2)　既に竣工時検査や定期点検などが実施されている建物では、その報告書を入手し、竣工時からの変化について記述するとともに、既存の点検結果報告書に申し送り事項の記載があればその部分については慎重に点検し、報告書作成時に申し送り事項についても転記する。

(3)　報告書には、目視の結果および計測した結果を記載し、管理値不足やその他免震層内、建物外周部における異常が発見された場合には、不具合点として写真などで確認できる資料を添付し、不具合部を指摘事項として記載する。記載に際しては予断や類推に基づく記述は行わない。

2.2 報告書の構成と記載事項

　点検結果報告書の書式および記載内容は、別途添付されている書式を参考としてここでは解説する。

　点検結果報告書の構成は、まず対象となる建物（名称、住所）、点検日時、点検実施者詳細、点検に際して準拠した基準などを記載し、その後に各点検項目に対する点検結果概要と総括を記載する。これは建物所有者または管理者が点検全般において異常や不具合点の有無を一目で判断できるようにし、異常や不具合点があった場合にはその後の付属書（詳細報告書）と関連づけて、その内容や程度が詳細に把握できるように構成されている（図2.1）。

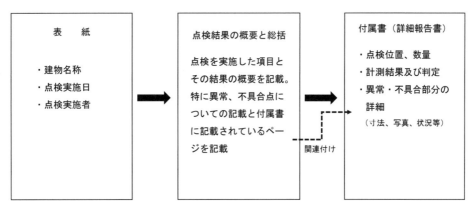

図 2.1 点検結果報告書の構成

(1) 表紙記載事項
　・点検対象建物の名称
　・点検の種類（竣工時検査/通常点検/定期点検/応急点検/詳細点検/更新工事後点検）
　・定期点検の場合は、点検の年次
　・点検実施年月（西暦または和暦については発注者の指示による。特に指示がない場合は西暦とし、必要に応じて日及び曜日等を記載）
　・点検実施会社名（契約者）

(2) 点検結果報告と総括報告
　　点検結果報告書と総括報告の構成は、各点検項目に対する全体的な概要を記載し、特に異常や不具合点があった場合には、その旨の概要（どのような不具合か、異常の値はどの程度か等）を記載する。また異常や不具合点があった場合にはその後の付属書（詳細報告）と関連づけて、その内容や程度について状況写真や計測値を示して把握できるようにすることが重要。

(3) 付属書（詳細報告）
　　付属書では準拠基準に沿って目視または計測結果の値を記載するが、下記の必要事項については漏れなく記載する。
　　①点検項目と管理値
　　②部材 No. を記した伏図（方位及び計測数値の正負方向、免震層出入口等を記載）
　　③点検項目の計測方法及び計測機器
　　④点検結果の数値と判定（目視結果では所見）
　　⑤装置の高さや水平変位等では竣工時の計測値も併記
　　⑥温度補正が必要な項目（積層ゴムの高さ等）では免震層内温度と計測時刻
　　⑦「免震建物であること」の表示の有無
　　⑧その他著しい不具合

　　⑥の温度補正を行う場合の温度は、免震層内の何点かを計測してその平均値を用いるかまたはゴム表面温度を接触式または非接触式温度計で計測し、その値を補正に用いるかの方法がある。

ここでは添付資料にある点検結果報告書の例を参考として示した。冒頭でも述べたが、報告書の書式については必要事項が記載されていれば、必ずしもこの書式でなくてもよい。

　　また、竣工時検査あるいは既に定期点検が実施されている建物の場合は、既存の報告書書式を踏襲する方が比較を行う点で分かりやすい。その際に不足項目等がある場合には、追記等を行う。

3．維持点検結果の報告

　　点検した結果を発注者もしくは管理者に報告することも、点検技術者の重要な役割である。免震建物の点検項目には単に管理値の適否のみで判断できないものもあり、点検技術者の視点で問題点もしくは不具合点と想定されるものについては、これを報告書に申し送り事項として記載するか、もしくは別途資料を作成して設計者に確認をしてもらうように助言することも大切である。ただし、重要なことはこのような点については予測や推測をしてはいけないということです。

　　さらに発注者もしくは管理者に、点検結果報告書は今後の定期点検や応急点検（詳細点検含む）時に、その時の免震建物の状況を判断する上で参考となるので、大切に保管してもらうように依頼し、次回の点検についても説明をすることが大切です。

（報告書参考例）

㈱日本免震構造本社ビル

免震建物第５年次
定期点検結果報告書

２０２０年１月
（令和２年１月）

株式会社　ＪＳＳＩ

第5年次定期点検結果報告書

「㈱日本免震構造本社ビル」の維持点検計画に基づく、第5年次の定期点検を実施した結果を、以下に報告いたします。なお、点検の詳細につきましては添付の付属書をご確認下さい。

記

1．対象建物

1) 名　称：㈱日本免震構造本社ビル
2) 住　所：東京都渋谷区神宮前2-3-18
3) 竣工日：2015年2月1日

2．点検実施日

2020年1月18日（土）　（令和2年1月18日（土））

3．点検実施者

1) 点検技術者：免震太郎（JSSI 登録番号　第00　001号）
2) 実施業者　：株式会社 JSSI

4．準拠基準と管理値

第5年次定期点検は、下記の基準に準拠して実施しました。
1) 「㈱日本免震構造本社ビル維持管理計画書」
2) 一般社団法人日本免震構造協会「免震建物の維持管理基準－2014－」

㈱日本免震構造本社ビル維持管理計画書におけるクリアランスの管理値及び免震部材の変位管理値は下記の通りとなっています。なお、今回の維持管理におけるクリアランス管理値は、最小クリアランス管理値を採用しています。

クリアランス管理値

クリアランス	水平クリアランス管理値	鉛直クリアランス管理値
設計クリアランス	550mm 以上	50mm 以上
最小クリアランス	500mm 以上	30mm 以上

免震部材管理値

	水平変位管理値	鉛直変位管理値
免震部材管理値	40 mm 以下	20 mm 以下

5．点検結果の概要

5.1 指摘事項のまとめ

　　点検の結果、以下に示す指摘事項があります。なお、指摘事項の詳細については付属書 p 22「指摘事項の詳細」に記載していますので、ご参照ください。

　　指摘-1：積層ゴム(No.38)のフランジ及びボルトに発錆が認められました。
　　指摘-2：北西隅部の躯体(免震部)と擁壁(非免震部)との水平クリアランス不足が認められました。
　　指摘-3：免震層内の外周南側の側溝において深さ 20mm 程度の滞留水が有り、排水不良が認められました。
　　指摘-4：西面の躯体側の設備配管(免震部)と擁壁(非免震部)との水平クリアランス不足が認められました。
　　指摘-5：南面の擁壁側の設備配管(非免震部)と躯体(免震部)との水平クリアランス不足が認められました。
　　指摘-6：南面の躯体(免震部)と擁壁(非免震部)間の電気配線の余長不足が認められました。
　　指摘-7：北面の躯体側のフェンス(免震部)と外部道路上のポール(非免震部)との水平クリアランス不足が認められました。

5.2 点検結果の要約

(1) 積層ゴム（目視点検：全数３８台、計測点検：指定点検箇所１１台）

　1）外観点検
　　・点検項目：汚れ、異物付着、傷、取付け部の腐食・発錆、ボルト・ナットの緩み、取り付け部躯体の損傷状態についてその状況を確認。
　　・結果要約：外観点検においては、前記の【指摘-1】に記載以外の指摘事項はありません。

　2）鉛直変位
　　・計測項目：積層ゴム高さ計測
　　・結果要約：積層ゴムの高さは、竣工時の計測高さに対して-0.3mm〜-0.6mm の範囲にあり、鉛直変位管理値 20mm 以下を満足しているため、鉛直変位における指摘事項はありません。

　3）水平変位
　　・計測項目：各積層ゴムの水平変位計測
　　・結果要約：積層ゴムの水平変位は、絶対値で 0mm〜18.0mm の範囲にあり、水平変位管理値 40 mm 以下を満足しているため、水平変位における指摘事項はありません。

(2) 鋼材ダンパー（目視点検：全数１６台、計測点検：指定点検箇所３台）

1）外観点検
- 点検項目：大きな変形、塗装剥れ・亀裂等、腐食・発錆、ボルト・ナットの緩み、取り付け部躯体の損傷状況についてその状況を確認。
- 結果要約：外観点検において指摘事項はありません。

2）水平変位
- 計測項目：各鋼材ダンパーの水平変位計測
- 結果要約：鋼材ダンパーの水平変位は、絶対値で 1.0mm～3.0mm の範囲にあり、水平変位管理値 40 mm 以下を満足しているため、水平変位における指摘事項はありません。

(3) 免震層

1）建物と擁壁のクリアランス
- 点検項目：可動範囲内の障害物、可燃物、排水状況についてその状況を確認。
- 結果要約：建物と擁壁のクリアランスにおいては、前記の【指摘-2】に記載以外の指摘事項はありません。

2）免震層内の環境
- 点検項目：大きな変形、塗装剥れ・亀裂等、腐食・発錆、ボルト・ナットの緩み、取り付け部躯体の損傷状況についてその状況を確認。
- 結果要約：免震層内の環境においては、前記の【指摘-3】に記載以外の指摘事項はありません。

3）建物位置（移動量）
- 点検項目：下げ振りの設置位置及び状況確認と原点からの移動量について計測。
- 結果要約：設置状況について指摘事項はありません。また移動量については、竣工時を起点とした最大値はＸ方向へ 2mm、Ｙ方向へ 2mm でした。

(4) 設備配管および電気配線

1）設備配管可撓継手
- 点検項目：上下水道、ガス、その他配管の設置位置、継手固定部・吊り金具・固定金具等の状況および配管、ケーブルラック、躯体、外周部等の相互クリアランスについて、それぞれの状況を確認。
- 結果要約：設備配管可撓継手においては、前記の【指摘-4】、【指摘-5】に記載以外の指摘事項はありません。

2）電気配線
  ・点検項目：電源ケーブル、通信ケーブル、避雷設備の設置位置、変位追従性（余長）
    について、それぞれの状況を確認。
  ・結果要約：電気配線においては、前記の【指摘-6】に記載以外の指摘事項はありま
    せん。

（5）建物外周部

1）建物周辺
  ・点検項目：躯体、犬走り、周辺設備とのクリアランス、可動範囲内の障害物、犬走
    りと擁壁間の水平開口の有無について、それぞれの状況を確認。
  ・結果要約：建物周辺においては、前記の【指摘-7】に記載以外の指摘事項はありま
    せん。

2）免震エキスパンションジョイント
  ・点検項目：免震エキスパンションジョイントの位置、可動・作動状況、取り付け部
    の状況を確認。
  ・結果要約：免震エキスパンションジョイントにおいて、指摘事項はありません。

（6）その他

1）免震建物の表示
  ・点検項目：免震建物の表示有無と設置状況の確認。
  ・結果要約：免震建物の表示において、指摘事項はありません。

2）けがき式変位計
  ・点検項目：けがき式変位計の設置位置及びその状況確認と原点からの移動量につ
    いて計測。
  ・結果要約：設置位置と設置状況について指摘事項はありません。また最大軌跡移
    動量は、原点からX方向へ+1mm、Y方向へ-1mmでした。

3）別置き試験体
  ・点検項目：別置き試験体の設置状況、鋼材部（取り付け部）の異常、加圧力につい
    て確認。
  ・結果要約：別置き試験体において、指摘事項はありません。

4）その他の不具合
  ・結果要約：その他の著しい不具合についての指摘事項はありません。

5.3 点検結果一覧表

　表1に維持管理基準に示されている点検項目と、今回点検を実施した結果の一覧を示します。なお、一覧表の指摘事項の有無の欄に記載しています指摘事項番号は、5.1項の指摘事項のまとめに記載されている番号になります。

表1：点検結果一覧表

位　置			点検項目及び内容		指摘事項の有無
免震部材	支承・積層ゴム	外観	汚れ、異物付着の有無		無
			傷の有無（長さ、深さ）		無
		鋼材部（取り付け部）	腐食、発錆の有無		指摘-1
			ボルト、ナットの緩み		無
		取り付け部躯体	損傷の有無		無
		変位	鉛直変位量（20mm以下）		無
			水平変位量（40mm以下）		無
	ダンパー・鋼材ダンパー	外観	大きな変形の有無		無
			塗装剥れ、亀裂等の有無		無
		鋼材部（取り付け部）	腐食、発錆の有無		無
			ボルト、ナットの緩み		無
		取り付け部躯体	損傷の有無		無
		変位	水平変位量（40mm以下）		無
		可動範囲	躯体他との接触		無
免震層	建物と擁壁のクリアランス・指定計測位置	水平クリアランス	クリアランス		指摘-2
		鉛直クリアランス	クリアランス		無
		水平、鉛直マーキング位置	マーキングの有無、状態		無
	免震層内の環境	障害物、可燃物	有無		無
		排水状況	漏水、吹込、帯水、結露の状況		指摘-3
	建物位置・下げ振り	設置位置	位置の確認		無
		移動量	原点よりのX、Y方向移動量		無
設備配管および電気配線	設備配管可撓継手・上下水道、ガス、その他配管	設置位置	位置の確認		無
		継手固定部、吊り金具、固定金具等の状況	発錆、傷、亀裂、損傷等の有無		無
			取付ボルトの錆、緩み		無
			液漏れ		無
	・配管、ケーブルラック、躯体、外周部等	相互クリアランス	水平、上下のクリアランスの有無		指摘-4 指摘-5
	電気配線・電源、通信ケーブル、避雷設備他	設置位置	位置の確認		指摘-6
		変位追従性	余長の確認		無

	建物周辺 ・躯体、犬走り、周辺設備 ・犬走りと擁壁間	クリアランス	クリアランスの有無	指摘-7
建物外周部		障害物	障害物の量	無
		水平開口	開口の有無	無
	免震エキスパンションジョイント	免震 EXP.J の位置	位置の確認	無
		可動、作動状況	可動範囲内障害物の有無	無
			可動部のいびつな変形の有無	無
		取り付け部の状況	発錆、傷、亀裂、損傷等の有無	無
その他	免震建物の表示	設置位置	位置の確認	無
	けがき式変位計	設置位置	位置の確認、不具合の有無	無
		移動量	原点よりのX、Y方向移動量	無
	別置き試験体	設置状況	加圧力	無
		鋼材部 （取り付け部）	腐食、発錆、ボルトの緩み等	無
	その他の不具合	著しい不具合	状況の記録（計測、写真）	無

　今回の5年次定期点検を実施した結果、5.1項に示す7つの指摘事項がありました。これらについては改善処置をするか、または建物設計者に問い合わせのうえ適切な対応処置をお願い致します。

なお、次回の定期点検は2025年となります。

以上

免 震 太 郎
（JSSI 登録番号第00　001号）

（報告書参考例）

㈱日本免震構造本社ビル

免震建物第５年次
定期点検結果報告書

付　　属　　書

２０２０年１月
（令和２年１月）

株式会社　ＪＳＳＩ

目　　次

1．点検の目的

本報告書は、㈱日本免震構造本社ビルの竣工後5年次に実施した、免震部材及びその他の免震構造における主要な部分に対しての点検結果について記したものです。

2．建物概要

2.1 建物概要

名　　　称：　㈱日本免震構造本社ビル
住　　　所：　東京都渋谷区神宮前 2-3-18
用　　　途：　事務所
規模構造：　鉄筋コンクリート構造　地上10階、地下1階
免震構造：　積層ゴムと鋼材ダンパーを用いた基礎免震構造
竣 工 日：　２０１５年２月１日

2.2 免震部材概要

鉛プラグ入り積層ゴム

呼称	メーカー	ゴム外径	内部ゴム	台数 (12台)
LRB1100	㈱日本免震ゴム	φ1100	8.0mm×30層	10
LRB900	㈱日本免震ゴム	φ900	7.0mm×26層	2

天然ゴム系積層ゴム

呼称	メーカー	ゴム外径	内部ゴム	台数 (26台)
NRB1000	㈱日本天然ゴム	φ1000	7.5mm×27層	22
NRB900	㈱日本天然ゴム	φ900	7.0mm×26層	4

U型鋼材ダンパー

呼称	メーカー	台数 (16台)
SD50×4	㈱日本鋼材	16

3．点検概要

3.1 点検実施日

２０２０年１月１８日（令和２年１月１８日）

3.2 点検実施者

株式会社　ＪＳＳＩ　点検部計測課
点検技術者：免震太郎（JSSI 登録番号　第00　001号）
補　助　員：鈴木二郎　中村三郎

４．点検項目

以下の表に定期点検の項目、点検方法、点検内容を示します。

位置または部材		点検項目	点検方法	箇所	点検内容
免震部材	支承 ・積層ゴム	外観	目視	計測は10%以上かつ3台以上、目視は全数、1/2以上記録	汚れ、異物付着の有無
			目視 （計測）		傷の有無（長さ、深さ）
		鋼材部（取り付け部）	目視		腐食、発錆の有無
			目視または打音		ボルト、ナットの緩み
		取り付け部躯体	目視		損傷の有無
		変位	計測		鉛直変位量
			計測		水平変位量
	ダンパー ・鋼材ダンパー	外観	目視	計測は10%以上かつ3台以上、目視は全数、1/2以上記録	大きな変形の有無
			目視		塗装剥れ、亀裂等の有無
		鋼材部（取り付け部）	目視		腐食、発錆の有無
			目視または打音		ボルト、ナットの緩み
		取り付け部躯体	目視		損傷の有無
		変位	計測		水平変位量
		可動範囲	目視 （計測）		躯体他との接触
免震層	建物と擁壁のクリアランス ・指定計測位置	水平クリアランス	計測	免震層	クリアランス
		鉛直クリアランス	計測		クリアランス
		水平、鉛直マーキング位置	目視		マーキングの有無、状態
	免震層内の環境	障害物、可燃物	目視	免震層	有無
		排水状況	目視		漏水、吹込、帯水、結露の状況
	建物位置 ・下げ振り	設置位置	目視	建物四隅中央部	位置の確認
		移動量	計測		原点よりのX,Y方向移動量
設備配管および電気配線	設備配管 可撓継手 ・上下水道、ガス、その他配管	設置位置	目視	免震層	位置の確認
		継手固定部、吊り金具、固定金具等の状況	目視		発錆、傷、亀裂、損傷等の有無
			目視または打音		取付ボルトの錆、緩み
			目視		液漏れ
	・配管、ケーブルラック、躯体、外周部等	相互クリアランス	目視 （計測）		水平、上下のクリアランスの有無
	電気配線 ・電源、通信ケーブル、避雷設備他	設置位置	目視	免震層	位置の確認
		変位追従性	目視		余長の確認

位置または部材		点検項目	点検方法	箇所	点検内容
建物外周部	建物周辺 ・躯体、犬走り、周辺設備	クリアランス	目視（計測）	建物外周部、EXP.J 他	クリアランスの有無
		障害物	目視		障害物の有無
	・犬走りと擁壁間	水平開口	目視（計測）		開口の有無
	・免震エキスパンションジョイント	免震EXP.Jの位置	目視		位置の確認
		可動、作動状況	目視		可動範囲内障害物の有無
			目視		可動部のいびつな変形の有無
		取り付け部の状況	目視		発錆、傷、亀裂、損傷等の有無
その他	免震建物の表示	設置位置	目視	出入り口周辺等	位置の確認
	けがき式変位計	設置位置	目視	免震層	位置の確認、不具合の有無
		移動量	計測		原点よりのX,Y方向移動量
	別置き試験体	設置状況	記録	免震層	加圧力
		鋼材部（取り付け部）	目視		腐食、発錆、ボルトの緩み等
	その他不具合	著しい不具合	目視（計測）	免震層	記録

【免震クリアランス】

クリアランス	水平クリアランス管理値	鉛直クリアランス管理値
設計クリアランス	550 mm 以上	50 mm 以上
最小クリアランス	500 mm 以上	30 mm 以上

※維持管理は最小クリアランスを適用する。

【免震部材管理値】

	水平変位管理値	鉛直変位管理値
免震部材管理値	40 mm 以下	20 mm 以下

5．免震部材配置図

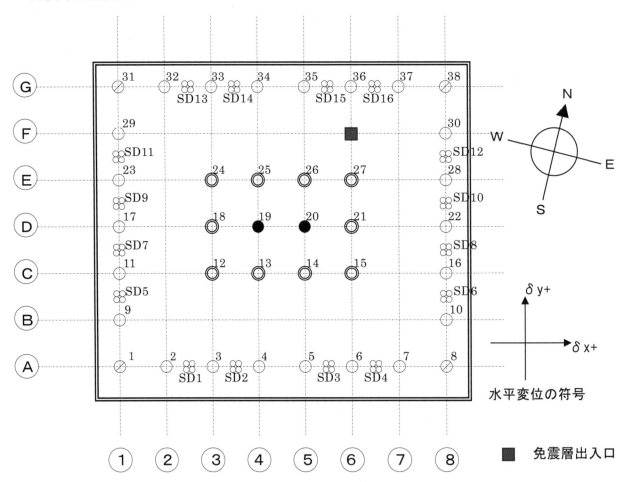

積層ゴム

部材種別	積層ゴム径	記　号	台　数	部材 No.
LRB1100 （鉛プラグ入り）	Φ1100	◎	10	12～15, 18, 21, 24～27
LRB900 （鉛プラグ入り）	Φ900	●	2	19, 20
NRB1000） （天然ゴム系）	Φ1000	○	22	2～7, 9～11, 16, 17, 22, 23, 28～30, 32～37
NRB900 （天然ゴム系）	Φ900	⊘	4	1, 8, 31, 38
総　計			38	

鋼材ダンパー

部材種別	部材形式	記　号	台　数	部材 No.
鋼材ダンパー （U型鋼材ダンパー）	SD50 × 4	⊗⊗	16	SD1～SD16
総　計			16	

6．点検結果

6.1　積層ゴムの点検結果

1）積層ゴムの外観点検

　　積層ゴムの外観は、全数目視点検により実施しました。

　点検は、積層ゴムの外観（汚れ・異物の付着、傷・亀裂等の有無）、鋼材部（取り付け部）の状況（腐食・発錆の有無、ボルト・ナットの緩み）、取り付け部躯体（損傷の有無）について確認しました。その結果を下記に示します。

積層ゴムの外観点検結果　　　　　　　　　　　　　　［全台数38台：全数点検］

免震部材			積層ゴム外観		鋼材部 （取り付け部）		取り付け部 躯体	所見
部材 No.	サイズ	セリアル No.	汚れ、 異物付着	傷、 亀裂	腐食、 発錆	ボルト、 ナットの 緩み	損傷	
1	NRB900	1001	無	無	無	無	無	—
2	NRB1000	1101	無	無	無	無	無	—
3	NRB1000	1102	無	無	無	無	無	—
4	NRB1000	1103	無	無	無	無	無	—
5	NRB1000	1104	無	無	無	無	無	—
6	NRB1000	1105	無	無	無	無	無	—
7	NRB1000	1106	無	無	無	無	無	—
8	NRB900	1002	無	無	無	無	無	—
9	NRB1000	1107	無	無	無	無	無	—
10	NRB1000	1108	無	無	無	無	無	—
11	NRB1000	1109	無	無	無	無	無	—
12	LRB1100	1301	無	無	無	無	無	—
13	LRB1100	1302	無	無	無	無	無	—
14	LRB1100	1303	無	無	無	無	無	—
15	LRB1100	1304	無	無	無	無	無	—
16	NRB1000	1110	無	無	無	無	無	—
17	NRB1000	1111	無	無	無	無	無	—
～	～	～	～	～	～	～	～	～
38	NRB900	1004	無	無	有	無	無	指摘－1

指摘－1：上下フランジ及びボルトに発錆

2）積層ゴムの鉛直変位計測

　　積層ゴムの鉛直変位は、各種類毎に10%以上かつ3台以上（計11台）を計測しました。
竣工時計測マーク位置4カ所（東・西・南・北）の上下フランジの内法寸法を高さ計測器を用
いて計測した。温度補正は、免震層の温度を計測し、基準温度（20℃）の高さに補正した。
計測条件及び計測結果を下記に示す。

計測日 ： 2020年1月18日　計測時刻 ： 10時20分〜12時00分
温　　度 ： 免震層　17.5℃

積層ゴムの鉛直変位計測結果　　　　　　　　　　　　　　　［全台数38台：内11台計測］

免震部材			点検日	竣工時計測高さ（A）	積層ゴム鉛直変位　（mm）							管理値	判定
					竣工後5年次計測結果								
					計測高さ（h）				平均	補正後高さ（B）	変位量（B-A）		
部材No.	サイズ	セリアルNo.			位置N	位置E	位置S	位置W					
1	NRB900	1001	1/18	355.4	354.7	354.8	355.0	354.3	354.7	355.0	-0.4	20mm以下	OK
2	NRB1000	1101	1/18	341.0	340.2	340.7	339.8	340.3	340.3	340.6	-0.4	20mm以下	OK
12	LRB1100	1301	1/18	327.0	326.1	325.6	326.5	326.9	326.3	326.6	-0.4	20mm以下	OK
15	LRB1100	1304	1/18	327.4	326.2	327.0	326.8	326.7	326.7	327.0	-0.4	20mm以下	OK
17	NRB1000	1111	1/18	339.5	339.2	339.0	338.8	338.9	339.0	339.3	-0.2	20mm以下	OK
19	LRB900	1201	1/18	352.8	352.3	352.2	351.9	352.0	352.1	352.4	-0.4	20mm以下	OK
20	LRB900	1202	1/18	352.4	351.8	352.0	351.9	351.8	351.9	352.2	-0.2	20mm以下	OK
〜	〜	〜	〜	〜	〜	〜	〜	〜	〜	〜	〜	〜	〜
38	NRB900	1004	1/18	354.6	354.2	353.9	353.8	354.3	354.1	354.4	-0.2	20mm以下	OK

$$H = h - \left(\sum t_r \times \Delta T \times \rho \right)$$

H　：標準温度換算時の部材高さ　　　　ΔT：（計測時温度）－（標準温度）

h　：計測値　　　　　　　　　　　　　ρ　：積層ゴムの高さ方向の線膨張係数

$\sum t_r$：対象部材のゴム総厚さ　　　　　　　　　（＝5.8×10^{-4}）

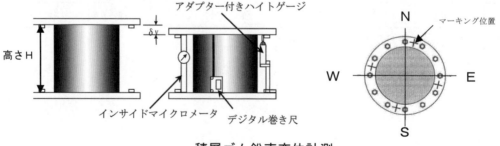

積層ゴム鉛直変位計測

3）積層ゴムの水平変位計測

　積層ゴムの水平変位は、種類毎に全数の 10% 以上かつ 3 台以上（計 11 台）を計測しました。水平変位量は、傾斜計または角度計を用いて竣工点検時の計測マーク位置の方向（X 方向・Y 方向）における上フランジと下フランジのずれを傾斜角（θ）として計測し、計測高さ（H）から、$\delta = H \times \tan\theta$ として求めました。計測結果を下記に示します。なお、δx は概ね東方向の変位を正値、δy は概ね北方向を正値としています。

積層ゴムの水平変位計測結果　　　　　　　　　　　　　　　［全台数 38 台：内 11 台計測］

免震部材			竣工時 水平変位 δ_0 (mm)		竣工後 5 年次 水平変位 δ_1 (mm)		変位量 $\delta_1 - \delta_0$ (mm)		管理値	判定
部材 No.	サイズ	セリアル No.	δx	δy	δx	δy	δx	δy		
1	NRB900	1001	14.0	7.0	18.0	9.0	4.0	2.0	40mm 以下	OK
2	NRB1000	1101	10.0	7.0	13.0	9.0	3.0	2.0	40mm 以下	OK
12	LRB1100	1301	8.0	3.0	7.0	3.0	-1.0	0.0	40mm 以下	OK
15	LRB1100	1304	-8.0	3.0	-10.0	3.0	2.0	0.0	40mm 以下	OK
17	NRB1000	1111	14.0	1.0	17.0	1.0	3.0	0.0	40mm 以下	OK
19	LRB900	1201	3.0	1.0	3.0	1.0	0.0	0.0	40mm 以下	OK
20	LRB900	1202	-2.0	0.0	-3.0	0.0	1.0	0.0	40mm 以下	OK
～	～	～	～	～	～	～	～	～	～	～
38	NRB900	1004	-13.0	-8.0	-16.0	-10.0	3.0	2.0	40mm 以下	OK

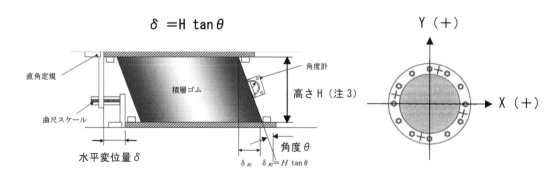

積層ゴム水平変位計測

（注 3）： 最新版では高さ H は温度補正を行う前の計測
　　　　　値を用いることになっていることに注意

6.2　鋼材ダンパーの点検結果

1）鋼材ダンパーの外観点検

　　鋼材ダンパーの外観は、全数目視により点検を行いました。

　点検は、鋼材ダンパーの外観（大きな変形、塗装剥れ・亀裂の有無）、鋼材部（取り付け部）の状況（腐食・発錆の有無、ボルト・ナットの緩み）、取り付け部躯体（損傷の有無）、可動範囲について確認しました。その結果を下記に示します。

鋼材ダンパーの外観点検結果　　　　　　　　　　　　　［全台数 16 台：全数点検］

部材No.	鋼材ダンパー外観		鋼材部（取り付け部）		取り付け部躯体	可動範囲	所　見
	大きな変形	塗装剥れ、亀裂	腐食、発錆	ボルト、ナットの緩み	損傷	躯体他との接触	
SD1	無	無	無	無	無	無	―
SD2	無	無	無	無	無	無	―
SD3	無	無	無	無	無	無	―
SD4	無	無	無	無	無	無	―
SD5	無	無	無	無	無	無	―
SD6	無	無	無	無	無	無	―
～	～	～	～	～	～	～	～
SD16	無	無	無	無	無	無	―

２）鋼材ダンパーの水平変位計測

　　鋼材ダンパーの水平変位は、10%以上かつ 3 台以上（3 台）を計測しました。水平変位量は、傾斜計または角度計を用いて竣工点検時計測マーク位置の 2 方向（X 方向・Y 方向）における上フランジと下フランジのずれを傾斜角（θ）として計測し、計測高さ（H）から、$\delta = H \times \tan\theta$ として求めました。計測結果を下記に示します。

　　なお、δx は概ね東方向の変位を正値、δy は概ね北方向を正値としています。

鋼材ダンパーの水平変位計測結果　　　　　　　　　［全台数 16 台：内 3 台計測］

部材 No.	竣工時 水平変位 δ_0 (mm)		竣工後 5 年次 水平変位 δ_1 (mm)		変位量 $\delta_1 - \delta_0$ (mm)		管理値	判　定
	δx	δy	δx	δy	δx	δy		
SD1	8.0	6.0	10.0	7.0	2.0	1.0	40mm 以下	OK
SD7	14.0	1.0	17.0	1.0	3.0	0.0	40mm 以下	OK
SD15	-4.0	-2.0	-5.0	-3.0	1.0	1.0	40mm 以下	OK

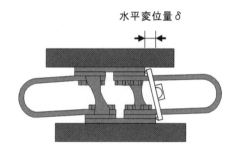

水平変位量 δ

鋼材ダンパー水平変位計測

6.3　免震層の点検結果

1）建物と擁壁のクリアランス
水平クリアランス計測・点検位置

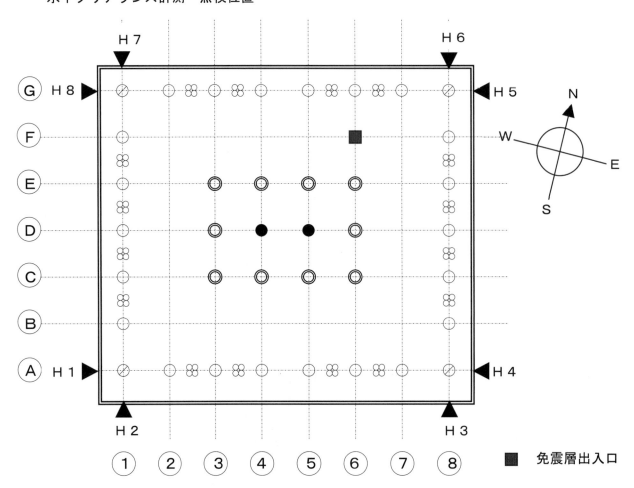

水平クリアランス点検結果（8か所）

位　置	水平クリアランス（mm）			管理値	マーキング	所　見
	竣工時 (S_{h0})	竣工5年次 (S_{h1})	変位量 ($S_{h1}-S_{h0}$)			
H1	512	511	−1	500 mm以上	有	―
H2	518	516	−2	500 mm以上	有	―
H3	520	518	−2	500 mm以上	有	―
H4	516	515	−1	500 mm以上	有	―
H5	521	520	−1	500 mm以上	有	―
H6	509	508	−1	500 mm以上	有	―
H7	502	498	−4	500 mm以上	有	指摘－2
H8	500	495	−5	500 mm以上	有	指摘－2
計測年月日	2015/1/15	2020/1/18	―			

指摘－2：クリアランス不足

鉛直クリアランス計測・点検位置

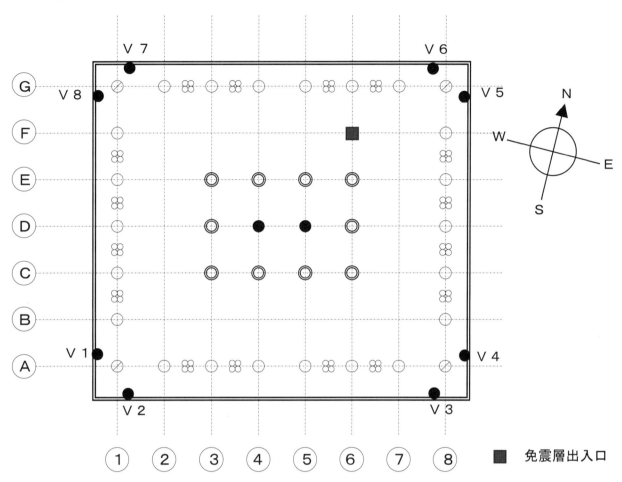

免震層出入口

鉛直クリアランス点検結果（8か所）

位　置	鉛直クリアランス（mm）			管理値	マーキング	判　定
	竣工時 (S_{v0})	竣工5年次 (S_{v1})	変位量 ($S_{v1}-S_{v0}$)			
V1	58	57	−1	30 mm以上	有	OK
V2	60	58	−2	30 mm以上	有	OK
V3	56	55	−1	30 mm以上	有	OK
V4	62	61	−1	30 mm以上	有	OK
V5	60	59	−1	30 mm以上	有	OK
V6	55	54	−1	30 mm以上	有	OK
V7	57	55	−2	30 mm以上	有	OK
V8	54	53	−1	30 mm以上	有	OK
計測年月日	2015/1/15	2020/1/18	—			

2）免震層内の環境
　　点検位置

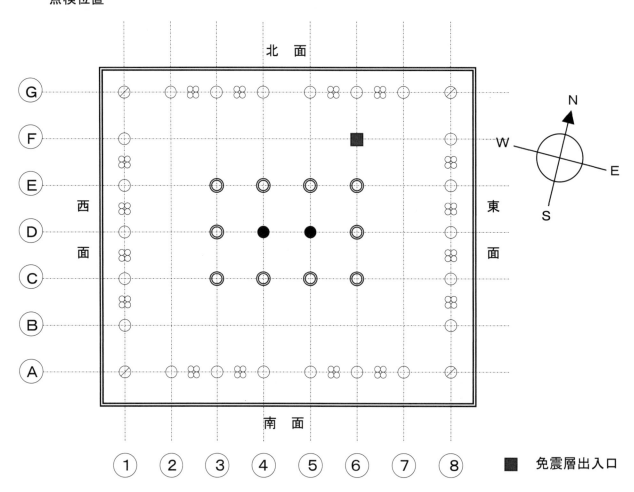

免震層内の環境点検結果（4面）

位　置	障害物	可燃物	排水状況	所　見
東　面	無	無	良	－
西　面	無	無	良	－
南　面	無	無	排水不良	指摘－3
北　面	無	無	良	－
全　体	無	無	良	－

指摘－3：側溝内に20mm程度の滞留水有り。

3） 建物位置（移動量）
　　点検位置

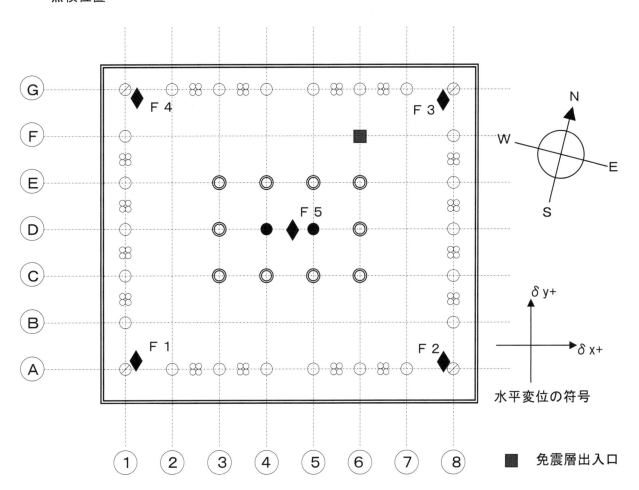

建物位置（移動量）点検結果（5か所）

位置	下げ振り	建物移動量（mm）					
		竣工時（S₀）		竣工5年次（S₁）		移動量（S₁-S₀）	
		Y方向	X方向	Y方向	X方向	Y方向	X方向
F1	適	±0	±0	+1	+1	+1	+1
F2	適	±0	±0	+1	−1	+1	−1
F3	適	±0	±0	−2	−2	−2	−2
F4	適	±0	±0	−2	+2	−2	+2
F5	適	±0	±0	−1	+1	−1	+1
計測年月日		2015/1/15		2020/1/18			

6.4 設備配管および電気配線の点検結果

1）設備配管可撓継手

点検位置

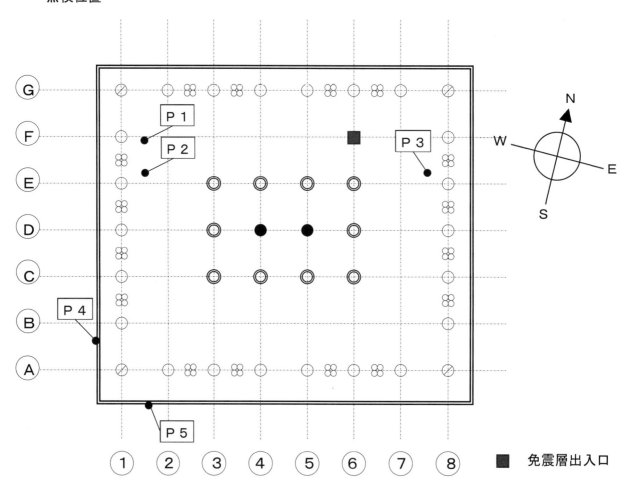

設備配管可撓継手点検結果（5か所）

位　　置	上下水道、ガス、その他配管				配管、ケーブルラック、躯体、外周部等	所　見
	設置位置	継手固定部、吊り金具、固定金具等の状況			相互クリアランス	
	位置の確認	発錆、傷、亀裂、損傷等	取り付けボルトの錆、緩み	液漏れ	水平、上下クリアランス	
P1	適	無	無	無	適	―
P2	適	無	無	無	適	―
P3	適	無	無	無	適	―
P4	不適	無	無	無	不適	指摘－4
P5	不適	無	無	無	不適	指摘－5

指摘－4：躯体側の設備配管（免震部）と擁壁（非免震部）とのクリアランス不足

指摘－5：擁壁側の設備配管（非免震部）と躯体（免震部）とのクリアランス不足

2）電気配線
  点検位置

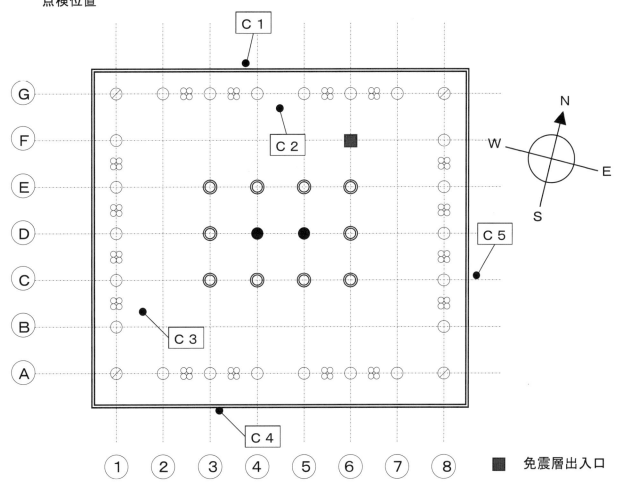

電気配線点検結果（4か所）

位　　置	電源、通信ケーブル、避雷設備他		所　見
	設置位置	変位追従性	
	位置の確認	余長の確認	
C1	適	適	―
C2	適	適	―
C3	適	適	―
C4	不適	適	指定－6
C5	適	適	―

指摘－6：電気配線の余長設置位置が不適切（クリアランス不足）

6.5 建物外周部の点検結果

1）建物周辺

点検位置

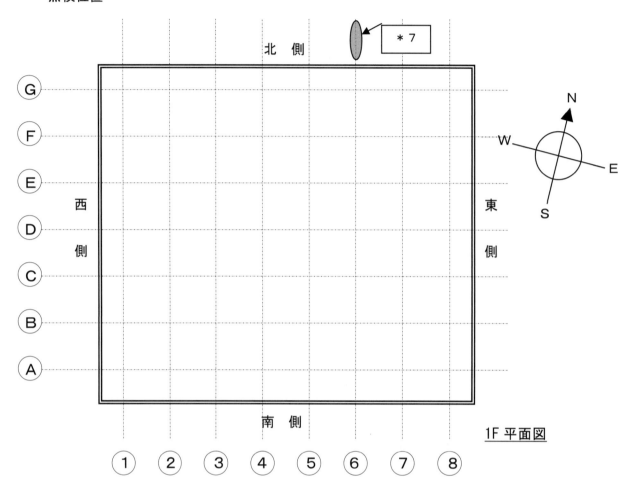

1F 平面図

建物周辺点検結果（4辺）

位　置	建物周辺			所　見
	躯体、犬走り、周辺設備			
	クリアランス	障害物	水平開口	
北　側	クリアランス不足有り	無	無	指摘－7
東　側	適	無	無	－
南　側	適	無	無	－
西　側	適	無	無	－

指摘－7：躯体側のフェンス（免震部）と外部道路上のポール（非免震部）とのクリアランス不足

２）免震エキスパンションジョイント
　　点検位置

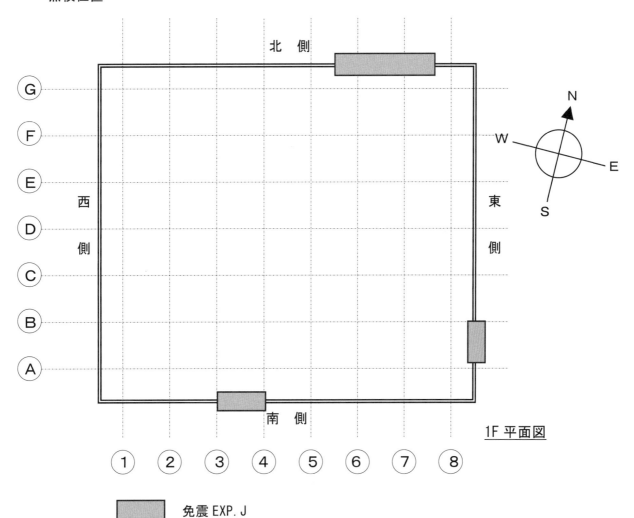

1F 平面図

免震 EXP. J

免震エキスパンションジョイント点検結果（3か所）

位　　置	免震エキスパンションジョイント				所　見
	免震 EXP. J の位置	可動、作動状況		取り付け部の状況	
	位置の確認	可動範囲内障害物	可動部のいびつな変形	発錆、傷、亀裂、損傷等	
北　側	適	無	無	無	―
東　側	適	無	無	無	―
南　側	適	無	無	無	―
西　側	―	―	―	―	―

6.6 その他の点検結果

1) 免震建物の表示

点検位置

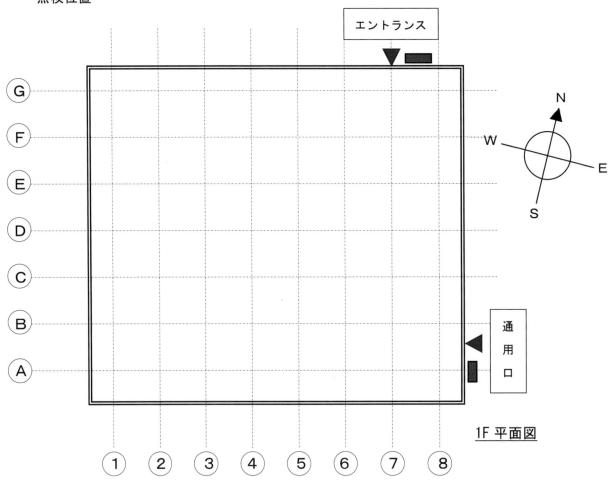

1F 平面図

■ 免震建物の表示

免震建物の表示点検結果（2か所）

位　置	設置位置	所　見	
	位置の確認		
エントランス横	適	―	北側7通り
通用口横	適	―	東側A通り

2）けがき式変位計
　点検位置

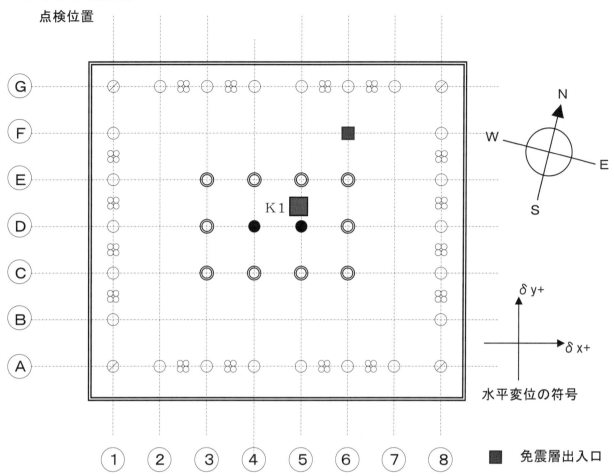

① ② ③ ④ ⑤ ⑥ ⑦ ⑧　　■ 免震層出入口

けがき式変位計点検結果（1台）

位　置	設置位置		けがき式変位計（mm）						所　見
			竣工時（S$_0$）		竣工5年次（S$_1$）		変位量（△S=S$_1$-S$_0$）		
	位置の確認	不具合	Y方向	X方向	Y方向	X方向	Y方向	X方向	
K1	適	無	±0	±0	-1	+1	-1	+1	－
計測年月日	－	－	2015/1/15		2020/1/18				

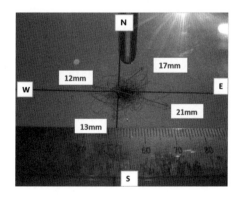

けがき式変位計（例）

3）別置き試験体
　点検位置

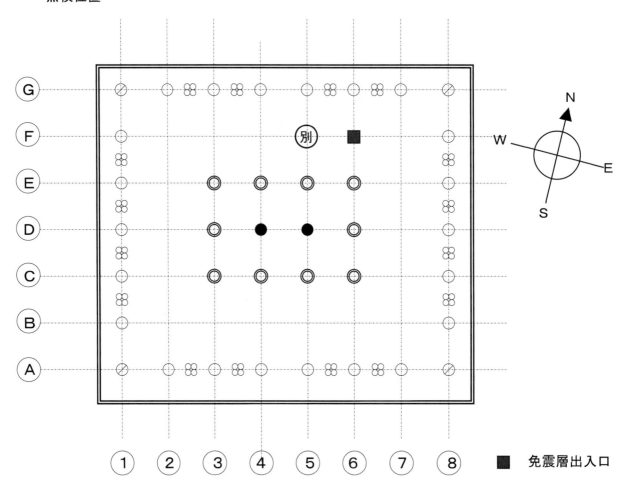

別置き試験体点検結果（1台）

位　　置	別置き試験体		所　　見
	設置状況	鋼材部 （取り付け部）	
	加圧力	腐食、発錆、 ボルトの緩み等	
5-F	35MPa	無	—

4）その他の不具合
　　点検位置

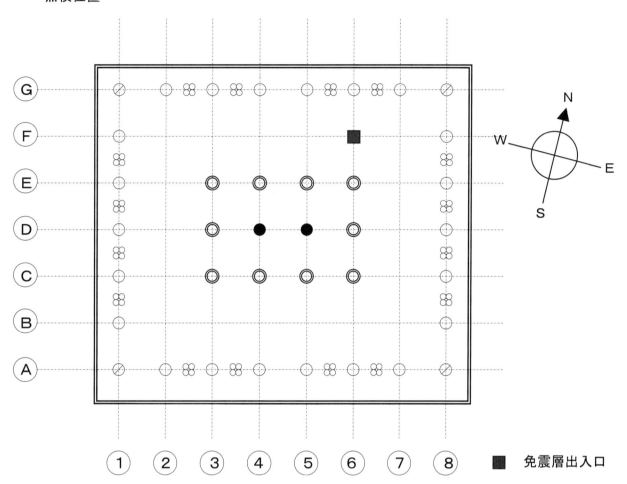

①　②　③　④　⑤　⑥　⑦　⑧　　■　免震層出入口

その他の不具合

位　置	著しい不具合	所　見
	記録	
免震層全般	無	—

７．指摘箇所の状況総括

建物外周部、免震層内部の状況及び設備配管、障害物の有無、クリアランスの確保等で管理値を満たしていない要検討項目及び位置を下図及び下表に示します。

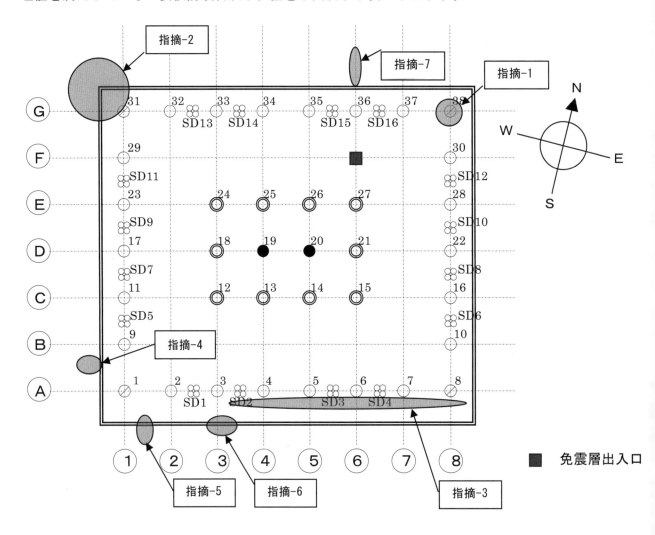

指摘箇所の状況総括表

位置	状　況	写真 No.	備　考
指摘-1	積層ゴム（No.38）の上下フランジ及びボルトに発錆が認められた。	写真-1	P. 5 6.1 1)
指摘-2	北西隅部の躯体（免震部）と擁壁（非免震部）とのクリアランス不足が認められた。 （計測値 X 方向 495mm 及び Y 方向 498mm、 　管理値 500mm 以上）	写真-2	P. 10 6.3 1)
指摘-3	免震層内の外周南側の側溝において深さ 20mm 程度の滞留水が有り、排水不良が認められた。	写真-3	P. 12 6.3 2)
指摘-4	西面の躯体側の設備配管（免震部）と擁壁（非免震部）とのクリアランス不足が認められた。 （計測値 100mm、管理値 500mm 以上）	写真-4	P. 14 6.4 1)

位置	状　況	写真No.	備　考
指摘-5	南面の擁壁側の設備配管（非免震部）と躯体（免震部）とのクリアランス不足が認められた。 （計測値 200mm、管理値 500mm 以上）	写真-5	P. 14 6.4 1)
指摘-6	南面の躯体（免震部）と擁壁（非免震部）間の電気配線の余長設置位置の不適切が認められた。	写真-6	P. 15 6.4 2)
指摘-7	北面の躯体側のフェンス（免震部）と外部道路上のポール（非免震部）とのクリアランス不足が認められた。 （計測値 60mm、管理値 500mm 以上）	写真-7	P. 16 6.5 1)

ここでは省略したが指摘事項の写真は、
指摘箇所の遠景と 2 方向からの拡大写真も添付するのが良い。

指摘箇所の状況写真

写真ー 1 : 積層ゴム No. 38
　　　　鋼材部（取り付け部）の発錆

指摘箇所の状況写真

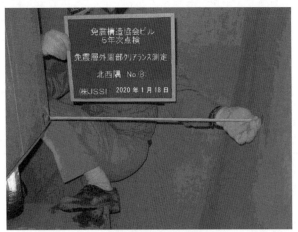

写真－2：免震層北西隅部
クリアランス不足

写真－3：免震層南側側溝
排水不良（滞留水）

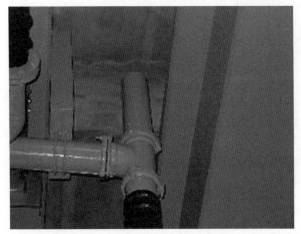

写真－4：西側外周部設備配管
クリアランス不足

参考図

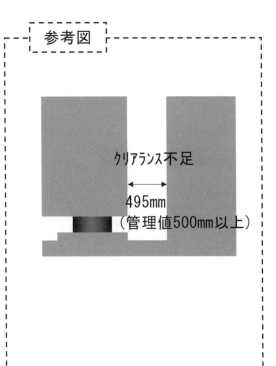

クリアランス不足
495mm
（管理値500mm以上）

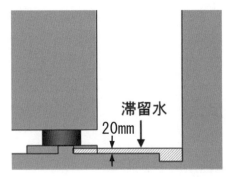

滞留水
20mm

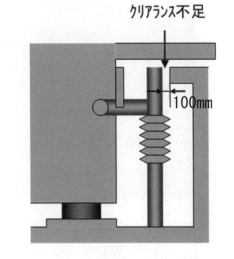

クリアランス不足
100mm

管理値：500mm以上

写真-5：免震層北西隅部
　　　　クリアランス不足

写真-6：免震層南側側溝
　　　　クリアランス不足

写真-7：北西外周部
　　　　クリアランス不足

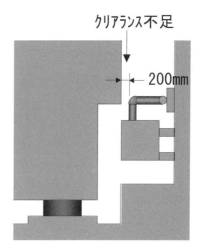

クリアランス不足

200mm

管理値：500mm以上

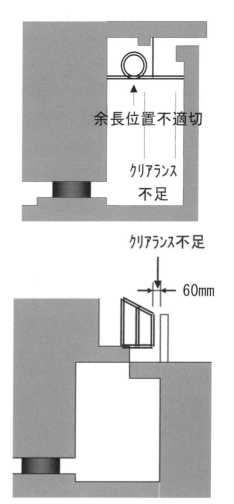

余長位置不適切

クリアランス
不足

クリアランス不足

60mm

管理値：500mm以上

付 1. 計測器校正証明書

ここでは省略するが、
　点検で使用した器具（積層ゴム高さ計測器、積層ゴム水平変位計測器（角度計・傾斜計））の校正証明書を添付する。

付2．現場写真

ここでは省略するが、

　建物外観、免震層全景写真をはじめ、点検作業開始時の関係者集合写真、点検口養生風景なども写して報告書に添付しておくと良い。

　温度計測、寸法計測や点検時の作業状況の写真だけではなく、問題が無かった項目についても抜き取りで写真を撮影して、報告書に添付すると良い。

「免震建物の維持管理基準」２０２２
−維持管理計画に役立つ問題事例と推奨事例 および 点検技術者の役割−

2022 年　5 月　初版　1 刷発行
2023 年　8 月　初版　2 刷発行

編　集　維持管理委員会

発行所　一般社団法人日本免震構造協会
　　　　〒150-0001
　　　　東京都渋谷区神宮前 2-3-18　JIA 館 2 階
　　　　TEL　　03-5775-5432
　　　　E-MAIL　jssi@jssi.or.jp
　　　　https://www.jssi.or.jp

印　刷　株式会社カントー